O EXU QUE HABITA EM MIM

VAGNER ÒKÈ

O EXU QUE HABITA EM MIM

Como a filosofia dos Orixás
pode te ensinar a descobrir seu potencial
para transformar todas as áreas da sua vida

academia

Copyright © Vagner Òkè, 2024
Copyright © Editora Planeta do Brasil, 2024
Todos os direitos reservados.

Preparação: Wélida Muniz
Revisão: Fernanda Guerriero Antunes e Marianna Muzzi
Projeto gráfico e diagramação: Gisele Baptista de Oliveira
Capa e ilustração de capa: Breno Loeser

DADOS INTERNACIONAIS DE CATALOGAÇÃO NA PUBLICAÇÃO (CIP)
ANGÉLICA ILACQUA CRB-8/7057

Òkè, Vagner
   O Exu que habita em mim : como a filosofia dos Orixás pode te ensinar a descobrir seu potencial para transformar todas as áreas da sua vida / Vagner Òkè. – 1. ed. – São Paulo : Planeta do Brasil, 2024.
   224 p.

   ISBN: 978-85-422-2883-0

   1. Religiões africanas 2. Desenvolvimento pessoal 3. Espiritualidade I. Título

24-4249   CDD 299

Índice para catálogo sistemático:
1. Religiões africanas

Ao escolher este livro, você está apoiando o manejo responsável das florestas do mundo

2025
Todos os direitos desta edição reservados à
Editora Planeta do Brasil Ltda.
Rua Bela Cintra, 986, 4º andar – Consolação
São Paulo – SP – 01415-002
www.planetadelivros.com.br
faleconosco@editoraplaneta.com.br

Dedico esta obra antes de tudo a Orí, que é a nossa mola mestra e que permite que tenhamos acesso a toda bênção existente.

A Exu, por abrir caminhos e nos permitir estar nesse espaço-tempo vivendo essas experiências, com essas pessoas, exatamente dessa forma.

Aos ancestrais encarnados e desencarnados, pela oportunidade da raiz e poderio da continuidade.

Ao Egbé Orun, que, no corpo celeste, nos envia as melhores vibrações.

Ao Universo, que sempre conspira a favor.

Ao Orí do Bàbá King, por transformar tantas vidas no Àiyé.

A mim mesmo, por nunca desistir.

Axé!

AGRADECIMENTOS

Desde que eu compreendi que a espiritualidade desejava que eu colocasse meus dons e talentos a serviço dos Orixás, li uma frase por intermédio do meu mestre, o Bàbá King, que fez um sentido enorme para esse movimento de transmissão e conhecimento:

> *Ibi tí ènyàn bá rin dé,*
> *Nii ó máa ri iran dé*
> O ser humano enxerga até onde os seus olhos alcançam,
> sabe o quanto aprendeu e sabe até onde alcança o seu conhecimento.

E como o próprio Bàbá fala, há algo que os olhos não alcançam, há conhecimentos que nascem conosco. Muito do que escrevi aqui, foram coisas que já vieram comigo e, por isso, quero te agradecer por ter dedicado seu valioso tempo para receber. Foi uma prova linda e sincera de respeito a mim e aos meus ancestrais. Espero que esta leitura tenha deixado sua vida um pouquinho melhor. Obrigado por me trazer até aqui, por me dar força, por me dar axé!

Que Exu e os Orixás nos abençoem e nos apoiem para que tenhamos uma existência mais feliz junto aos nossos.

Te vejo por aí!

Axé!

11	prefácio **por Anallu Ribas (Ìyá Òsá)**
13	introdução
19	capítulo um **Quem é Exu?**
39	capítulo dois **Exu habita em todos nós**
48	capítulo três **Exu e Ogum: coma e durma com seu propósito de vida**
67	capítulo quatro **Exu e Oxóssi: pense como um caçador**
82	capítulo cinco **Exu e Xangô: confie em si mesmo**
96	capítulo seis **Exu e Obá: seja líder de si mesmo**
106	capítulo sete **Exu e Orí: o poder de imaginar e criar**

121	capítulo oito **Exu e Logun Edé: ser um entusiasmado para orixalizar**
135	capítulo nove **Exu e Oxum: controle de si mesmo**
150	capítulo dez **Exu e Ossain: ir além do esperado**
163	capítulo onze **Exu e Yemanjá: empatia consigo e com o outro**
180	capítulo doze **Exu e Oiá: cooperar é ter poder**
192	capítulo treze **Exu e Obaluaê: concentre-se no que é importante**
204	conclusão
209	referências
213	glossário
219	notas de fim

PREFÁCIO

Qual é a melhor forma de ensinar e aprender sobre os Orixás? Sem dúvida, a tradicional: por meio de histórias.

Histórias têm o condão de trazer proximidade, pessoalidade, uma quase intimidade com as personagens. Com elas, aprendemos sobre virtudes, competências, habilidades e valores, o axé representado por cada divindade que compõe o riquíssimo panteão dos Orixás, base cultural, religiosa, histórica e mítica de tantas tradições que bebem dessa fonte-herança viva dos africanos iorubás.

Cada narrativa é recepcionada pelo leitor/ouvinte com seus sentidos físicos – visão, audição –, mas ele está longe de ser um mero expectador. Este é apenas o contato mecânico, inicial. O que vem a seguir é o que abarca a verdadeira história.

Após a recepção, vem o envolvimento, que faz amar, imaginar, reconhecer-se, incomodar-se e indignar-se – sim, faz parte –, torcer, identificar-se, enfim, aprender e, assim, transformar-se. Essa é a magia de uma boa história sobre os Orixás!

E, do outro lado da cena, ou melhor, por trás dela, está o autor, o contador dessas sabedorias, aquele que um dia as recepcionou, envolveu-se, e, para além disso, as abraçou: se encantou, desencantou e reencantou, parindo novos contos, dando à luz seu próprio encantamento!

No caso de O Exu que habita em mim, o encantador traz seu feitiço no caleidoscópio de suas próprias vivências, experiências, questionamentos, encontros e sonhos. É o cara das "trocas justas", lema de vida tatuado em seu braço e que norteia não apenas sua vida profissional e suas relações pessoais, mas também, e especialmente, sua busca e comprometimento espiritual. E tudo isso se reflete, indelevelmente, em cada página deste livro.

É assim que a intimidade com as personagens igualmente aproxima o leitor/ouvinte do autor, da pessoa na qual ele tem se forjado a cada passo, a cada abraço que dá em uma nova – embora antiga – bela história na tradição dos Orixás.

Desejo a todos, portanto, uma excelente leitura, um próspero envolvimento e, para coroar, um prazeroso encantamento!

Anallu Ribas (Ìyá Òsá)
Sacerdotisa do Templo Òsá Méjì, família Oduduwa

INTRODUÇÃO

A transmissão e perpetuação do conhecimento em terras iorubá tem como fundamento a oralidade. Por meio do simples ato de falar, ideias são disseminadas, novos padrões de comportamento são instaurados, produtos são criados, guerras são deflagradas, tragédias são potencializadas. O falar é capaz de criar realidades jamais vistas. Para o iorubá, é um ato extremamente sagrado, por isso é o axé da comunicação.

Um dos muitos mitos contados pela tradição oral desse povo é o que relata que, durante a criação do mundo, Olódùmarè (Deus) delegou a cada Orixá diferentes funções. Exu (Èṣù)* recebeu, como uma das suas atribuições, atuar como um fiscalizador, mantenedor da ordem e protetor da humanidade. A ele também foi dada a tarefa de ser o comunicador, aquele que realizaria acordos com as divindades.

Assim que foi finalizada a criação do Àiyé (terra), os Orixás retornaram para o Òrún (céu) e, após essa separação entre o

---

* As grafias em português e iorubá se alternam propositalmente ao longo do livro mantendo a preferência do autor. (N.E.)

plano espiritual – *Òrún* – e material – *Àiyé* –, Exu passou a ser o agente intermediário e comunicador entre essas duas grandezas. Aquele que falaria com deuses e humanos. Portanto, ele é o elo de tudo que é carnal e espiritual, um Orixá indispensável, dada sua função como elemento dinâmico que o faz mobilizar, crescer, desenvolver e transformar.

Escrever sobre Exu não é uma tarefa fácil, porque, ora, você deve concordar comigo, Exu é complexo demais para ser traduzido e decodificado em meras páginas – não importa quantas sejam. É gigantesco esse desafio que me propus de retratar de forma simples, direta e acertada essa figura que desperta amor e ódio em milhões de pessoas ao redor do mundo.

Quando comecei a falar, estudar e escrever sobre Exu, sentia que estava pisando em um território bem delicado, que poderia gerar em mim e em meus leitores sensações ambíguas. Foi aí que percebi que eu realmente estava fazendo o que deveria ser feito, uma vez que Exu representa a alegria que dança com o caos: ele provoca questionamentos, faz o ser humano pensar.

É de grande valia afirmar que tanto em África quanto fora dela não existem mais dúvidas acerca de suas teologias – respeitadas as diferenças em cada contexto e regiões distintas – nem quanto às diferentes maneiras como elas atuam em nossa existência. Porém, como tudo que diz respeito a esse continente, e consequentemente a Exu, nos deparamos com o desafio de lutar contra preconceitos, sobretudo por conta da antiga história de domínio político e econômico de alguns povos sobre outros.

Quando me dispus a estudar questões referentes ao Divino na perspectiva de Exu e sua relação com o mundo e os homens, ingressei em uma liturgia negro-africana que é bastante distinta das conhecidas e praticadas no mundo cristão. Daí o grande desafio: ingressar no pensamento "exuístico" requer um esforço de caráter, responsabilidade e capacidade de desconstrução de pensamentos, hipóteses, métodos e modelos branco-ocidentais.

Certa vez, lá em 2016, quando ainda era abiã no Candomblé, eu estava em um intercâmbio na cidade de Curitiba e tive a oportunidade de conhecer um importante babalorixá de culto tradicional iorubá, o qual chamarei carinhosamente de Gilsinho. Grande devoto de Ifá/Ọ̀rúnmìlà-Ifá, um homem iniciado para Oyá no Ketu, que reverberava força e sutileza em seu caminhar e no vigor de suas palavras.

Em uma de nossas conversas, ele me contou a história de como foi sua transição do Candomblé para o Isese Lagba (Ìṣẹ́ṣẹ̀ Làgbá), e relatou que tudo o que foi feito e construído no período em que esteve no Candomblé jamais ficaria para trás. Porque essa é a história da vida dele. Foi quando Gilsinho me disse uma frase que nunca esqueci. Algo de que me lembro todo santo dia: "Rio que esquece as nascentes não flui".

Aquelas palavras reverberaram de forma tão potente em mim que até hoje, em absolutamente *tudo* o que faço, tento não me esquecer de onde vim, por que comecei e quem me ajudou quando eu estava lá. Isso desenvolveu um hábito diário em meu Orì, um atributo essencial para ter a ação de Orixá potente em nossa vida: *exercer a gratidão*.

Sou grato a cada um que me deu axé até aqui. E, como não poderia ser diferente, sou grato ao Candomblé por ter sido o lugar em que desabrochei espiritualmente em Àiyé. Sou grato ao Pilão de Elêjibomin, a casa de Ketu que me iniciou, e a toda a comunidade de que ela faz parte, liderada pelo meu Bàbá Robinho.

No dia em que conheci esse babalorixá, eu já sabia que a minha jornada no Candomblé tinha prazo de validade. Mas, ao

RIO QUE ESQUECE AS NASCENTES NÃO FLUI.

mesmo tempo, algo me dizia que eu precisava passar por esse caminho para entender o que Orixá espera de mim. E assim o fiz.

De modo litúrgico, eu "não estou" mais no Candomblé. Mas, de modo ancestral, sim. Não deixarei de ser de Candomblé. Não existe "ex-filho de santo", "ex-iniciado", ou "ex-babalorixá". O que foi feito é eterno e, nas sábias palavras de Bàbá Gilsinho: "Não se dá as costas para quem te trouxe até aqui".

E, mesmo que hoje em dia eu esteja imerso no Culto Tradicional Yorubá (CTY), o Isese Lagba, eu me permito e peço licença primeiro a Exu para partilhar com você o que aprendi sobre ele enquanto estive dentro do Candomblé e, também, no período de transição para o Isese.

É importante deixar claro que o saber compartilhado neste livro é oriundo de estudos, observações e vivências. E mesmo o conhecimento vindo dessa encruzilhada que conecta os cultos de religiões afro-brasileiras, o que aprendemos sobre Exu na nossa vida, no nosso dia a dia, ultrapassa regras, dogmas, cultos. Exu está além de tudo isso. Exu é Exu no *Isese*, no *Ketu*, na *Angola*, no *Fon*, na *Umbanda*... Ele transcende os ritos.

Me sinto na obrigação de afirmar que não dá para compreender Exu dentro da nossa realidade se neutralizarmos a ideia de que ele é o princípio que envolve o imaginário individual, coletivo e mítico do Candomblé, religião que se consagrou no Brasil no final do século 19 e se tornou patrimônio cultural imaterial em 15 de dezembro de 1975.[1]

Como sabemos que a cultura determina a forma como enxergamos a sociedade, Exu assume o posto de representar a multiplicidade dos cultos africanos na diáspora e contribui decisivamente para uma melhor compreensão da natureza humana a partir das percepções desses cultos.

Ele é símbolo do individual e do coletivo, que são bases filosóficas que constituem o Candomblé. Ao analisá-lo dentro dessa perspectiva que abraça o ser em sua individualidade, bem como em sua coletividade, pensa-se que não dá para separar a figura mítica da figura imaginária desse Orixá. A figura mítica abraça o coletivo, e a figura imaginária impera no individual. Exu está em ambos.

No decorrer destas páginas, quero te mostrar um Exu mítico que caminha lado a lado com meu Exu imaginário. O Exu que eu aprendo observando meus amigos de Umbanda, o Exu que me ensina através dos meus irmãos de Candomblé, o Exu que vivo diariamente no Isese, o Exu que me trouxe até este livro, o Exu que habita em mim.

capítulo um
QUEM É EXU?

Um dos mitos da tradição oral iorubá conta que no início da humanidade não existia nada além do ar. Olódùmarè (Olorum) era uma massa infinita desse elemento que, quando uma pequena parte sua foi se movimentando, deu origem a uma massa de água, da qual surgiu Obatalá, o grande Orixá de tudo que é branco. Com isso, ar e água se moveram em conjunto e, após um tempo, uma parte dessas massas se uniu e se transformou em lama.

Dessa mistura, originou-se uma bolha dotada de forma, um rochedo avermelhado e lamacento que chamou a atenção de Olódùmarè, que o admirou e soprou-lhe, dando-lhe vida. Essa forma foi a primeira dotada de existência individual, esse rochedo de laterita era Exu, ou melhor, o proto-Exu. Exu Yangí, que teria sido o primeiro nascido e responsável pela individualização da existência.

Essa história foi contada por Juana Elbein dos Santos no lendário *Nàgô e a morte*[2] e posiciona Exu como uma figura essencial e indispensável para toda a compreensão da cosmogonia e teologia iorubá. Exu é considerado o princípio dinâmico da existência, e nada nesse mundo funciona sem ele.

Acredito que, assim como eu, você já deve ter feito alguma dessas perguntas: Como Exu surgiu? Qual sua origem? Onde ele nasceu? Quem é ele?

Confesso que demorei muito para internalizar que a cultura africana é plural a ponto de ver uma mesma coisa sob ópticas distintas, algo que é raro em outras culturas. E são essas culturas que, de alguma forma, ditam o modo como devemos pensar em tudo à nossa volta. Por não terem um livro sagrado, as histórias do panteão africano vão sendo transmitidas oralmente e variam de local para local, de família para família, de tradição para tradição, de culto para culto. E não seria diferente com os mitos que envolvem Exu.

Essa história que contei aqui é uma num mar imenso de tantas outras; e, se você me perguntar qual delas faz mais sentido, eu responderei: *todas*. Uma coisa que desenvolvi nessa minha jornada foi a capacidade de entender que a veracidade das informações é óbvia e necessária, mas o que mais me encanta são os ensinamentos que as histórias trazem. *E todas as histórias que envolvem Orixá têm algo produtivo para nos ensinar, até mesmo as mais folclóricas.*

Neste livro, eu me proponho a trazer alguns pontos de vista de escritores e pesquisadores de Candomblé e Isese Lagba de como Exu pode ter surgido, o que deixa tudo ainda mais encantador. Sabe-se muita coisa sobre Exu e, ao mesmo tempo, não se tem certeza de nada. Mas, antes de entrarmos na seara do Exu mítico, vamos entender a importância do mito para a construção do pensamento coletivo e da transformação da sociedade.

A concepção do mito

O mito sempre esteve presente na vida humana. No mundo cristão, nas mitologias grega, egípcia, nórdica e em tantas outras bolhas, conhecemos várias divindades que representam o bem, o mal, o amor, o prazer, a justiça, a guerra etc. Esses mitos geralmente contam histórias de seres incríveis: deuses, super-heróis, seres encantados... e a ideia é formar um tipo de conhecimento e pensamento em quem os consome.

Através do que nos é contado desde a infância, somos transportados para aquele universo que está sendo narrado, a fim de conhecermos a natureza humana e, consequentemente, explicarmos como o mundo funciona. E a cultura de retratar mitologias, principalmente através das artes, segue cada vez mais forte com o passar dos anos.

No Universo Marvel, por exemplo (do qual sou muito fã), foram diversas as mitologias em que eles basearam os quadrinhos e os filmes: nórdica, egípcia, grega, romana, celta, cristã, indiana, eslava e russa, isso para ficar em apenas alguns exemplos. Há Senhores do Inferno e Eternos, e ainda as mitologias criadas pela própria Marvel, como é o caso da Fênix e algumas personagens da famosa saga dos mutantes X-Men.[3]

O mito está presente em nosso cotidiano principalmente porque foi a forma como encontraram para nos fazer compreender melhor a realidade. Entretanto, os mitos que nos impõem ainda na escola são, em grande maioria, brancos e eurocentrados, o que se torna um problema.

A cultura grega, em especial, desenhou os rumos dos nossos pensamentos por ter sido a única voz que perpetuou uma tradição no pensamento ocidental. Por isso é fundamental abordar outras mitologias para entendermos o mundo sob outra óptica, uma mais próxima de nós, principalmente por causa de nossa ancestralidade.

O Candomblé, assim como as mais variadas religiões de matriz africana que existem no Brasil, tem sua mitologia baseada nos Orixás que, conforme vemos, são os elementos da natureza. *Grosso modo*, no Candomblé são cultuados dezesseis Orixás, mas em África existem mais de quatrocentos! Por aí você nota a complexidade e pluralidade do culto a Orixás em todo o mundo.

Entendendo que o mito age como um profundo convite ao autoconhecimento, Joseph Campbell nos adverte de que "cada indivíduo deve encontrar um aspecto do mito que se relacione com sua própria vida".[4] E cita que o mito tem quatro funções, sendo a quarta o modo como as outras três se relacionam.

1. **Função mística**: é a que abre o mundo para os mistérios. Sem ela, não há mitologia. Como exemplo, temos a mitologia egípcia, muito estudada até hoje, por ser recheada de mistérios.
2. **Função cosmológica**: é aqui que entra a ciência nos mostrando a forma do universo, e faz isso de um jeito que o mistério continua se mostrando. A mitologia que conta como o fogo surgiu tem caráter científico, e, ainda assim, é envolta em mistérios. A Ciência, diz Campbell, explica "como a coisa funciona, mas não o que ela é".
3. **Função sociológica**: é quando recebe suporte e validação da ordem social. É quando há variação dos mitos dependendo do lugar em que são contados. Os mitos da monogamia e da poligamia, por exemplo, agradam aos adeptos de tal modo de vida.

No cotidiano brasileiro, a mitologia dos Orixás tem uma grande força substancial, a qual a academia pouco conhece e, como consequência, pouco propaga. Isso ocorre porque, além de a literatura africana ser pouco difundida no Brasil, ainda existe um forte estigma em torno do negro e das religiões de matrizes africanas. O que a sociedade sabe, *grosso modo*, é que existe um universo dentro dos terreiros, e que ele une comidas, bordados, danças, musicalidade e hibridismo cultural – essa é a estética que geralmente povoa o imaginário do povo brasileiro.

A literatura afro-brasileira, que consequentemente abraça a mitologia dos Orixás e as culturas *iorubá*, *fon*, Angola e *jeje*,** é pouco explorada no campo das letras. É necessário que tenhamos mais produções que narrem os mitos dos Orixás, *nkisis* e *voduns*, e elas devem ser propagadas nas escolas e nas instituições.

Reconhecer o imaginário afro é um traço fundamental para a compreensão da identidade, da narrativa que temos de nós mesmos e para refletirmos sobre nossa própria cultura. Apesar de termos aprendido a enxergar o mundo através do olhar grego, Exu e todos os outros mitos afro-brasileiros precisam ganhar a cena e ser colocados no palco da nossa cultura.

No Candomblé, bem como no Isese Lagba, acreditamos que nada na vida acontece sem Exu. Por quê? Porque Exu representa o movimento, a união e a multiplicidade de tudo que habita em cada um de nós. Exu é muitos em um só: criança, empreendedor, político, rebelde, criativo, sexual e espiritual.

A complexidade mitológica, filosófica e teológica de Exu nos faz questionar como é possível reunir tantas características essenciais e trágicas em uma mesma existência. Sim, porque Exu existe, e está em cada um de nós. É ele quem dá sentido às coisas. Partindo dessa ideia, Correia[5] nos traz uma visão com a qual simpatizo muito:

** Fon, Angola e Jeje são povos africanos que tiveram seus cultos disseminados no Brasil.

> A literatura yorubá enraíza-se na encruzilhada do imaginário e faz desse lugar, o "entre lugar" do pensamento. É na encruzilhada que o pensamento se potencializa e se fortalece. [...] Daí fortalece o imaginário e o poder que existe na figura de Exu, como arte – afro-brasileira da – diferença por excelência, pois é causador da desordem e porta-voz dos fluxos desejantes. Exu é a erótica da vida. Instaura aí uma ética e uma estética da multiplicidade, da individuação e do devir. Exu é a diferença por ser, o imaginário coletivo e individual.

Exu mítico

Como já vimos, Olódùmarè e Obàtálá estavam no Òrún (céu) criando o ser humano e, então, deram vida a Exu, que acabou ficando mais forte que os próprios criadores. E ele foi viver com Obàtálá, que o fez seu representante para lidar com todas as demandas a ele confiadas. Exu passou a ser uma espécie de porta-voz de Obàtálá. E agora vou te contar o resto da história que foi contada para mim através de um sacerdote muito querido (vou chamá-lo aqui de Sekin), mas que muitos outros estudiosos de cultura iorubá também disseminam.[6]

Aconteceu que Òrúnmìlà-Ifá, com o desejo de ter um filho, foi pedir um a Obàtálá, e o Orixá do branco lhe disse que naquele momento não era possível, que Òrúnmìlà-Ifá voltasse outra hora e seu desejo seria atendido. Òrúnmìlà-Ifá insistiu com Obàtálá para atendê-lo naquele momento. Foi quando perguntou por aquele que estava à porta da casa. "É aquele que eu quero", disse.

Obàtálá disse que aquele que estava à porta não era alguém que pudesse ser criado normalmente no Àiyé, na Terra, pois ele

EXU EXISTE, E ESTÁ EM CADA UM DE NÓS. É ELE QUEM DÁ SENTIDO ÀS COISAS.

tinha uma fome implacável e poderia causar problemas. Depois de Ọrúnmìlà-Ifá insistir muito, Obàtálá acabou cedendo, disse que ele tocasse em Exu e voltasse ao Àiyé para ter relações com sua esposa Yebìirú, que conceberia um filho. E assim Ọrúnmìlà-Ifá o fez.

Doze meses se passaram, e Ọrúnmìlà-Ifá e a esposa tiveram um filho. Obàtálá havia dito a Ọrúnmìlà-Ifá que a criança seria *Alágbara*, ou seja, "o senhor do poder", e o casal decidiu chamá-lo de Elegbara.

E assim que seu nome foi pronunciado, o próprio Exu respondeu: "*Iyá, Iyá Ng o je Eku*" (Mãe, Mãe, eu quero comer preás).

A mãe logo procurou atender seu pedido. Foi quando Ọrúnmìlà-Ifá trouxe todos os preás que encontrou. Exu comeu tudo. No dia seguinte, Exu pediu para comer peixes. E lhe foram levados todos os da cidade, aos quais ele devorou. No terceiro dia, pediu para comer aves. E comeu todas as espécies existentes.

Yebìirú, sua mãe, cantava todos os dias os versos: "*Mo r'omo ná. A ji logba aso. Omo màa*" (Visto que consegui ter um filho. O que acorda e usa duzentas. Filho, continue a comer.).

No quarto dia, Exu disse que queria comer carne. Ọrúnmìlà-Ifá levou diversos animais de quatro patas para alimentar Exu: cachorros, porcos, cabras, ovelhas, touros, cavalos, bodes etc. Exu continuava com fome. Então, no quinto dia, Exu disse: "*Iyá, Iyá! Ng ó je ó!*" (Mãe, mãe, quero comer você!).

Isso mesmo! A fome de Exu era tão grande que, em um ato de canibalismo, ele quis comer a própria mãe. Por se tratar do primeiro filho e por sentir um amor incondicional por ele, Yebìirú repetiu a sua canção: "Filho come, come, filho come" e, assim, Exu engoliu a própria mãe.

Ọrúnmìlà-Ifá ficou arrasado com o ocorrido e foi até os babalaôs, que lhe orientaram a fazer a oferenda de uma espada, um bode e 14 mil *cauris* (búzios). Ọrúnmìlà-Ifá a fez. No sexto dia, Exu virou para Ọrúnmìlà-Ifá e disse: *"Bàbá, Bàbá! Ng ó je ó!"* (Pai, pai, eu quero comer você!).

Ọrúnmìlà-Ifá cantou a mesma canção que a mãe de Exu cantava e, quando ele se aproximou, Ọrúnmìlà-Ifá puxou a espada e foi para cima de Exu. O menino correu e, desde então, Ọrúnmìlà-Ifá passou a persegui-lo com o intuito de matá-lo.

Exu, então, percorreu os nove Òrúns fugindo, porém Ọrúnmìlà-Ifá sempre conseguia pegá-lo. Cada vez que o apanhava, ele sacava a espada e cortava Exu em duzentos pedaços que se transformavam em duzentos Yangí, ou seja, duzentos pedaços de laterita. Cada vez que Ọrúnmìlà-Ifá cortava Exu, o que restava dele se erguia e continuava fugindo.

No último Òrún, depois de ter sido retalhado, Exu propôs um pacto a Ọrúnmìlà-Ifá: ele não seria mais perseguido, todos os Yangí seriam seus representantes e Ọrúnmìlà-Ifá poderia consultá-los sempre que necessário e enviá-los a executar os trabalhos que ele lhes ordenasse, como se fossem seus verdadeiros filhos. Exu lhe assegurou que seria ele mesmo quem responderia por meio dos Yangí cada vez que o chamasse. <u>Desde então, a pedra Yangí passou a ser a maior representação de Exu no Àiyé.</u>

> Na língua iorubá, Exu significa "esfera". É o princípio natural de tudo; é o início, o ponto de partida, o nascimento, a força de criação. O equilíbrio negativo do universo, sem dar, neste caso, a conotação de maldade. Exu é o primeiro passo, a célula inicial de geração da vida. É o ser "ser", aquele que gera o infinito, o primogênito, Senhor dos caminhos, das ruas, aquele que dá passagem.[7]

Partindo da ideia de que temos, de um lado, o Exu mítico que é narrado em inúmeros contos e, do outro, o Exu imaginário que vive em nossa individualidade – e ambos são um só –, é correto afirmar que falar de Exu significa questionar e abrir encruzilhadas subjetivas em nossa mente para que possamos pensar no princípio dinâmico da vida a partir de nós mesmos. Exu é plural, contestável e consonante. A ele tudo cabe.

Essa dinâmica individual de Exu é fundamental não só para entender a complexidade do sistema iorubá, mas também a complexidade de nós mesmos, seres humanos. Exu é o único que tem o poder de gerar a si mesmo e gerar o outro. Ele nunca começa nem termina nada, pois é sempre o caminho, a ponte, a ligação. Exu é a pedra que veio da lama, mas molda tudo o que há, tudo o que existe.

Exu imaginário

A ideia do "Exu imaginário" chegou até mim depois que percebi que várias pessoas – macumbeiras ou não – o veem de modo diferente. A forma como eu vejo Exu não é a mesma forma que você o vê; pode até ser parecida, mas cada um de nós, individualmente, o enxerga de um jeito.

Vou dar um exemplo prático. Ao ouvir a história de que Exu comeu a própria mãe, por exemplo, algumas pessoas podem achar que ele é terrível, e outras entender ser normal, uma vez que a fome dele era implacável e talvez essa fosse a única saída. Qual desses Exu existe de fato? Os dois. Porque cada um de nós o enxerga de forma diferente.

Por mais que conheçamos todos os mitos que contam quem ele é, cada um terá suas próprias interpretações simplesmente pelo fato de que Exu não consegue ser definido, muito menos classificado.

Foi a partir dessa inquietação que passei a perceber que, além desse Exu mítico que todos nós conhecemos por meio dos *itans (as histórias* contadas pelos nossos mais velhos) e de pesquisas sérias feitas por inúmeros estudiosos, *existe um Exu imaginário que habita em cada um de nós.*

Para entender um pouco mais de onde vem esse imaginário, recorri à psicanálise lacaniana. Essa vertente traz uma explicação lógica para todos vermos Exu de formas distintas. Lacan propôs que o imaginário é um dos três registros da experiência humana, sendo os outros dois o simbolismo e o real.[8] O imaginário é desenvolvido a partir do pressuposto de que o ser humano se aproxima da sua natureza instintual, a nossa parte animal.[9]

O ser humano evoluiu para o *Homo sapiens* quando começou a pensar em sua relação com a imagem. A partir disso, nos traz Favero:[10]

> Lacan evolui a noção de imaginário para o imaginário da linguagem, ou seja, nossa ilusão. Essa nossa alienação de que existe uma compreensão. De que o que eu falo vem da minha cabeça, passa pela minha linguagem é decodificado pelo meu interlocutor, que entende ou não o que eu digo em função de certos problemas ou padrões de comunicação. Então essa expectativa de entendimento, essa expectativa de completamento entre um e outro, compreende o campo do que Lacan chama de imaginário. [...] O imaginário da linguagem é o campo da alienação, é o campo das identificações, é o campo em que nós falamos a partir do nosso ego, essa instância de desconhecimento, essa instância paranoica, essa instância de projeção.

EXU É PLURAL, CONTESTÁVEL E CONSONANTE. A ELE TUDO CABE.

E aí partimos para o conceito de assimetria no qual o mundo do outro é o mesmo que o nosso, mas ao mesmo tempo não o é. É nessa assimetria, o ver a mesma coisa por outro ângulo, que se abre espaço para o imaginário, para a angústia da percepção do diferente.[11]

É desta forma que as pessoas, no geral, decodificam Exu: de acordo com aquilo com que se identificam. A gente vê Exu exatamente como se vê. E esse "se ver" é resultado de uma série de fatores: ancestralidade, a maneira como fomos criados, como vivemos, nosso estilo de vida, nossas experiências etc. Por isso eu digo e repito: conhecer a si mesmo é conhecer Exu. Conhecer Exu é conhecer a si mesmo.

O Diabo como imaginário de Exu

A sinopse da obra *Exu não é Diabo*[12] traz uma reflexão que organizou boa parte dos meus pensamentos e escrita: "No fundo, a grande maioria das pessoas não sabe nem quem é Exu e muito menos quem é ou o que é 'Diabo'". Essa frase fez muito sentido pra mim, porque meu Exu imaginário me faz acreditar que essas pessoas, de fato, não praticam autoconhecimento e, por isso, não sabem quem é um ou o outro. Parafraseando Cumino: as pessoas criaram um Diabo imaginário e, a partir disso, um inferno particular.

Analisando essa situação sob a lupa de Lacan, constatamos que cada pessoa, de forma consciente ou inconsciente, cria seu "diabo imaginário", e esse diabo é a união de todas as suas sombras. Quando essas pessoas que têm o mesmo imaginário do Diabo se juntam e compartilham vivências, esse diabo passa a existir. Ele sai do campo do símbolo e do imaginário e passa a ser real.

E eu não quero entrar no mérito de que o "diabo imaginário" de determinado grupo de pessoas transformou Exu no capiroto.

Mas, inicialmente, nas nossas reflexões, muitas vezes não consideramos essa parte nossa, essa sombra do nosso eu mais profundo, e vamos criando uma dissociação. Criamos um outro eu e nos demonizamos, acreditando piamente que existe alguém ou algo, nesse caso o capiroto, nos influenciando a fazer más escolhas e a agir contra nós mesmos.

Observe que, todos os dias, pastores expulsam "demônios", e os mesmos demônios voltam todos os dias para serem expulsos. *Mas, pera, eles foram expulsos mesmo?* A real é que eles nunca foram embora, nem vão, justamente porque a cultura judaico-cristã enxerga as sombras como parte inseparável do ser. Esse mecanismo, na prática, funciona assim: quanto mais expulsamos nossa sombra, mais ela cresce, e isso só nos fará travar guerras cada vez maiores.

Por isso que Exu (que no imaginário dessas pessoas é o Diabo) tornou-se uma pedra no sapato de muitos religiosos que estão fora das religiões de matrizes africanas. Essas pessoas acreditam mesmo que estão travando uma batalha mortal na terra contra as forças do mal que perturbam o tempo inteiro. Mas, na verdade, o inimigo delas são elas mesmas.

Uma pequena digressão: às vezes, fico pensando que a pessoa precisa ter uma autoestima absurda para acreditar que forças malignas estão contra ela (concorda?). Você acha mesmo que, com chefes de Estado poderosíssimos e líderes globais, o "Diabo" se ocuparia com alguém que não consegue influenciar nem a própria família? Que Diabo mequetrefe é esse? Não consigo imaginar Exu com um pensamento tão medíocre assim! Enfim, saindo da digressão...

Escritos de viajantes e missionários que estiveram em território *Fon* e *Iorubá* entre os séculos 18 e 19 narraram Exu com "olhos cristãos" quando o apontaram como uma entidade sexualizada e demoníaca. É importante chamar a atenção para o fato de que esses visitantes que lá estiveram eram pessoas que viviam em sociedades de cultura cristã.

Um dos primeiros escritos que se referem a Exu em sua persona diabólica foi feito pelo pastor Thomas Bowen. Ele descreveu Exu da seguinte forma: "Na língua iorubá o diabo é denominado Exu, aquele que foi enviado outra vez, nome que vem de sujo, jogar fora, e Elegbara, o poderoso, nome devido ao seu grande poder sobre as pessoas".[13]

Em 1884, foi publicado o livro *Fétichisme et Féticheurs*, escrito por um padre católico chamado R. P. Baudin, integrante das Missões Africanas de Lyon e missionário na Costa dos Escravos. No livro, Baudin enriqueceu de detalhes o que viu em território iorubá, e, de fato, seu escrito foi o primeiro a retratar sistematicamente a religião desse povo. Até hoje, a obra permanece sendo uma fonte essencial de pesquisa até mesmo para pesquisadores mais contemporâneos.[14]

Porém, como foi escrito por um padre numa perspectiva cristã do século 19, as percepções sobre Exu são destroçadoras. E o pior, essas imagens perpetuam o imaginário popular que até hoje circula pelo Brasil, inclusive o da maioria do próprio "povo de santo" que cultua Exu.

No livro, Baudin não faz, por escrito, referência às características diabólicas de Exu, mas há um fato bastante interessante em uma gravura que lá está, uma interpretação que ele tem acerca de Exu. É uma imagem de um homem sacrificando uma ave para Exu, que é representado por uma imagem guardada em uma espécie de casinha que fica na porta da casa. A legenda da ilustração diz: "Elegbá, o malvado espírito ou o demônio".

É DESTA FORMA QUE AS PESSOAS, NO GERAL, DECODIFICAM EXU: DE ACORDO COM AQUILO COM QUE SE IDENTIFICAM.

CONHECER
A SI MESMO
É CONHECER
EXU.
CONHECER
EXU É
CONHECER
A SI MESMO.

Nesse texto católico de 1884, Exu ganha os nomes de Priapo, o deus fálico greco-romano que guarda jardins, casas, praças e encruzilhadas, e de Demônio. Ele é associado a tudo que está ligado a sexo e pecado, luxúria e danação, fornicação e maldade.

Desde então, Exu nunca mais se livrou desse carma de ser chamado de Diabo, condenado a ser o Orixá mais incompreendido e difamado de todo o panteão, como bem lembrou Juana Elbein dos Santos, uma das primeiras pesquisadoras no Brasil a se interessar pela recuperação dos arquétipos originais africanos de Exu, atributos esses que foram deturpados por características que lhe foram impostas por interpretações católicas/sincréticas que deram um gabarito falho à religião dos Orixás no Brasil.

Como o sincretismo contribuiu para a demonização de Exu

O sincretismo não é, como se pensa, uma simples tabela de correspondência entre Orixás e santos católicos. Também não representava o simples disfarce católico que os negros davam aos seus Orixás para poderem cultuá-los livres da intransigência do senhor branco, como, de modo simplista, se ensina nas escolas até hoje.[15]

O sincretismo colocou a religião dos Orixás dentro do binarismo bem *vs.* mal, em que de um lado temos o pecado e do outro a virtude. Entretanto, essa visão pertence à cultura judaico-cristã, e não existe em África, onde as relações entre humanos e deuses seguem uma visão com foco na autorresponsabilidade, sem a influência ou atribuição de culpa a terceiros.

Vale lembrar que diversas religiões ao redor do mundo, principalmente as de cunho politeísta, seguem ritos e preceitos sacrificiais específicos para cada indivíduo (a exemplo do Candomblé). Dentro da perspectiva de Orixá, cada pessoa tem as próprias restrições, dado o caráter de respeito à individuação dentro da nossa filosofia, e aqui entramos em uma máxima que é amplamente divulgada em nossa filosofia: bem e mal são conceitos relativos, tudo depende de como você os vê.

Essa filosofia contraria a lógica cristã que determina uma lei única, um único meio de conviver dentro desse sistema que classifica tudo como bom ou ruim. E, nessa perspectiva católica, os Orixás – exceto Exu – foram colocados nesse "lado bom", por exemplo, sendo Oxalá o criador da humanidade, o filho de Deus, equivalente a Jesus Cristo, e os demais Orixás postos como "santos".

Porém, ao terem que se enquadrar nessa necessidade de santificação, os Orixás sincretizados perderam muito de suas características originais, principalmente aqueles que têm a sexualidade entendida como pecado, como é o caso de Exu.

Muitas características dos Orixás foram camufladas ou até mesmo apagadas do culto brasileiro, e daí também começou outro movimento: o de atribuir pecado a essas divindades, como associar outras deusas com a versão feminilizada de Exu no culto brasileiro, a Pombajira, que, em muitas doutrinas, são nomeadas como "escravas" ou até mesmo "mensageiras" dessas deusas.

Sem dúvida, foi o processo de cristianização de Oxalá e de santificação dos demais Orixás que empurrou Exu para o inferno católico, como um antagonista do bem na visão católica-sincrética. Como a religião cristã precisa de um Diabo para reforçar seu discurso binário de bem e mal, coube a Exu preencher essa lacuna satânica justamente por se apresentar como uma divindade incomum e mais próxima dos seres humanos.

Transformado em Diabo pelos cristãos e tendo a demonização reforçada por macumbeiros que ainda vivem sugestionados por uma cultura cristã, Exu precisou se ajustar para se adaptar a essa terra em que "Deus está acima de todos". Sua personalidade chegou a ser camuflada; as imagens criadas pelos fiéis de matrizes africanas sugestionados pelos cristãos pelo sincretismo no Brasil perderam o esplendor fálico do grandioso Elegbara. E, como havia se tornado diabo, Exu ganhou chifres, rabo, pés de bode e encarnou fielmente a visão *imaginária* dos demônios antigos e medievais dos católicos.

Grosso modo, foi dessa forma que o Exu imaginário dessas pessoas transformou Exu em Diabo e nos apresentou a este que conhecemos hoje: o Exu de que ouvimos nossos pais e avós falarem mal desde cedo, o Exu que vemos nossos vizinhos evangélicos repreenderem o tempo inteiro, o Exu que não representa em nada o que o diabo cristão se propõe a fazer.

No próximo capítulo, eu me proponho a esclarecer para você por que Exu habita em todos nós. A partir dessa perspectiva, será possível entender por que ele atua de maneiras distintas na vida do ser humano. Axé!

capítulo dois
EXU HABITA EM TODOS NÓS

Certa vez, enquanto assistia à entrevista de uma sacerdotisa que admiro muito, a ouvi dizer algo que mudou totalmente o modo como eu enxergava Exu. Ela dizia que Exu é tão democrático que está até dentro das igrejas evangélicas, mesmo com as pessoas de lá o xingando.

Nessa hora, eu tive duas reações: a primeira foi uma vontade descontrolada de rir. A outra, uma curiosidade de saber por que uma Yalorixá tão séria estava usando esse exemplo para ilustrar e justificar por que Exu está em todos os cantos.

Com todo respeito aos cristãos e, principalmente, aos evangélicos – porque sei que isso pode até soar como ofensa para eles –, mas Exu é de uma generosidade incrível com uma grande parte dessa comunidade. E isso acontece porque essas pessoas exercem o axé de Exu de forma muito didática: *comunicam muito bem a que se propõem, intermediam a mensagem entre pessoas e as divindades em que acreditam e, além disso, cobram pelos serviços prestados. Isso é Exu.*

Se você assistir a uma pregação de uma igreja pentecostal, vai ver que o tempo todo eles vendem a ideia da troca justa (mesmo não usando esse termo): o fiel doa algo para que Deus possa abençoá-lo. Isso é Exu, pois *Exu opera nas trocas*.

Deixo claro que não sou a favor nem contra tais discursos e a forma como são praticados, e só estou dando esse exemplo para ilustrar que Exu vai além dos muros do terreiro. Ele está para todos, até para quem está "contra" ele, até para quem desconhece a sua existência. Agora caia para trás com esta realidade: vejo diariamente evangélicos sendo mais abençoados por Exu do que uma enorme parcela do "povo de santo".

Daí você pode me perguntar: "Tá, mas por quê?". E eu te respondo: porque o segredo para receber as bênçãos de Exu, além de praticar o bom caráter, é incorporar os seus atributos em nosso dia a dia. Muita gente não concilia as duas coisas. Tem o caráter lapidado, mas não age como Exu no seu dia a dia, ou tenta agir como Exu, mas falha no desenvolvimento e melhoria do caráter.

E neste momento eu até me permito ser contraditório, porque não dá pra ser Exu no dia a dia sem estar nessa busca contínua por melhoria do caráter. A reflexão que eu quero trazer é justamente esta: *quando você entende que Exu está em todos nós e o que precisamos fazer é ativá-lo, as bênçãos dos deuses chegam até você, você ganha o prêmio de ser o coautor do seu destino, o protagonista da sua própria história.*

Mas, antes de entendermos um pouco mais de como Exu habita em todos nós, vamos continuar falando da criação do mundo na perspectiva iorubá. Um desses mitos conta que, no início dos tempos, quando Olódùmarè concebeu o mundo em seu Orì, criou divindades chamadas Irúnmọlẹ̀.

A criação dos Irúnmọlẹ̀s foi um grandioso evento sagrado, e a eles foram atribuídos muitos propósitos. O primeiro deles é o de tornar o *Àiyé* um lugar habitável, tranquilo e confortável para todos os seres humanos e encantados poderem conviver uns com os outros.

No Odù Èjìogbe conta-se que, quando Olódùmarè enviou os Irúnmọlẹ̀ para a Terra, entre eles estava Òrúnmìlà-Ifá, que, ao ser convocado, recorreu a um grupo de bàbáláwo que lhe deu as orientações necessárias para que ele tivesse sucesso em suas atividades no Àiyé. Com os conselhos de Ifá – dados através desse corpo sacerdotal –, Òrúnmìlà-Ifá, junto aos demais Irúnmọlẹ̀, conseguiu apoiar a sua missão de tornar a Terra um lugar perfeitamente habitável.

O segundo propósito de Irúnmọlẹ̀ foi organizar suas atividades na Terra e no Céu e as codificar em Ifá para que os seres humanos pudessem ter acesso a elas. Todos os aspectos da vida humana estão presentes em Ifá. Você pode se tornar quem você quiser, ter tudo de que precisa, basta entender de que forma os Irúnmọlẹ̀ podem te orientar através dos códigos que estão em Ifá.

O terceiro propósito de Irúnmọlẹ̀ diz respeito ao seu papel como agente socializador, atuando como professor, guia ou instrutor.

O Irúnmọlẹ̀ pode ser categorizado em dois grupos, sendo o primeiro dividido em cinco categorias principais, tendo como base seu *habitat* natural. Estes são:

1. Irúnmọlẹ̀ universalmente adaptável, como Ifá, Exu, Orì.
2. Irúnmọlẹ̀ do elemento água, como Oxum, Erinlé.
3. Irúnmọlẹ̀ do elemento ar, como Alafere, Xangô.
4. Irúnmọlẹ̀ do elemento fogo, como Ogum, Ija.
5. Irúnmọlẹ̀ do elemento terra, como Oxóssi, Okô.

O segundo grupo é baseado no dia da semana espiritual que foi dedicado ao Orixá. São eles:

1. Ose Òòṣà.
2. Ose Ifá.
3. Ose Ògún.
4. Ose Jakuta.

A categorização de acordo com o segundo grupo geralmente é mais reconhecida e mais comumente usada do que a primeira.

Em *Iwori Wotu (Iwori Otura)*,[16] Ifá diz que em uma semana há 4 dias espirituais. Sendo mais didático: no Ocidente, temos uma semana de 7 dias (segunda, terça, quarta, quinta, sexta, sábado, domingo); já em território iorubá, a semana é dividida em 4 dias (Ose Òòṣà, Ose Ifá, Ose Ògún, Ose Jakuta).

Essa mesma estrofe afirma que Olódùmarè cumpriu a função de atribuir tarefas principais a todos os Irúnmọlẹ̀ nesses quatro dias. Essa tarefa foi dada a Ifá.

O Irúnmọlẹ̀ atua tanto física quanto espiritualmente. Quando estão no plano físico, permanecem entre os seres humanos, fazendo as mesmas coisas que eles e servindo de modelo, de exemplo, mas a maioria de suas operações é realizada no campo espiritual, entre seres humanos e não humanos, entre substâncias animadas e inanimadas e entre substâncias reais e abstratas.

Aqueles que afetam os seres humanos podem fazê-lo na forma de manifestação, corporificação, sonhos ou intuições para aqueles que têm o dom espiritual de sentir a energia. Essas pessoas são as consideradas devotas ou *Aworò* do Irúnmọlẹ̀ em questão.

Algumas leituras apontam que Irúnmọlẹ̀ é a versão terrena dos Orixás no *Àiyé*, que, ao descerem do Orun, receberam o título de Irúnmọlẹ̀. Outro significado atribuído a este nome é *irínwó* (quatrocentos) + *mólẹ̀* (junto ao chão), uma referência a todos aqueles que estão enterrados, ou seja, nossos antepassados que viveram aqui na Terra.

Partindo dessa ideia, todos os nossos ancestrais (avós, bisavós, trisavós, tataravós etc.) podem ser considerados Irúnmọlẹ̀. Agora, raciocine comigo: se Exu é um Irúnmọlẹ̀ que veio para a Terra e aqui viveu como qualquer ser humano – e a isso se inclui o ato de ter filhos –, todos nós, por linhagem biológica, de alguma forma temos o DNA de Exu em nossas veias.

Tudo o que sai da nossa mente e é produzido por nossas mãos tem o nosso axé, a nossa energia, que é resultado de uma série de coisas, e entre elas está a nossa ancestralidade. Logo, o axé de Exu está presente em tudo que existe, já que somos seu veículo ancestral. *Todos nós, sem exceção, somos portadores do axé de Exu em Àiyé. Somos todos descendentes dessa energia única tão essencial para a ordem do universo.*

Eu e você só existimos porque Exu existiu. Nossos pais, tios, avós e todos que vieram antes são pedaços de Exu, que nos constituiu.

Em tudo, Exu está presente

É importante deixar claro aqui que não importa se é na condição de Orixá ou Irúnmọlẹ̀, a natureza de Exu permanece a mesma. Ele exerce o papel de mais velho e mais novo, brinca com os papéis de gênero e contraria dogmas. É inegável a sua característica caótica, no entanto a confusão que Exu cria é efeito da sua presença que promove movimento e transformação. As pessoas perdem grandes oportunidades quando ele é visto como diabo, demônio ou opositor.

Eu e você só existimos porque Exu existiu. Nossos pais, tios, avós e todos que vieram antes são pedaços de Exu, que nos constituiu.

Simbolicamente, Exu pode ser representado de duas formas. A primeira delas é através da pedra vulcânica Yangí, resultado do Big Bang, da explosão que representa a sua essência: o caos gerador de vida. Todos os mistérios da gênese do mundo se encontram nessa pedra, motivo pelo qual Exu é venerado como o ota (pedra) dos Orixás. Outro símbolo é uma concha marinha cônica conhecida como Òkòtó. Ela simboliza os movimentos cíclicos da vida, a transformação do tempo (cronos) e, consequentemente, dos seres humanos.

Exu é a força espiritual que estabelece o equilíbrio entre as Ìyámi (as grandes Mães Ancestrais) e os dezesseis Òrìṣà-àgbà, ou os dezesseis odù primordiais, salvando, assim, a Terra do caos e da aniquilação. Ele é a única divindade que pode abrir os portões do Òrún e, assim, promover a relação dinâmica e harmoniosa do Òrún com o Àiyé. Por meio desse papel, Exu está presente em todos os processos que operam na Terra, em tudo o que contenha movimento e transformação. É ele quem solidifica, transmuta e transforma o axé. Como o itan diz: "Tudo, cada ser não poderia existir sem seu próprio Èsù em sua constituição, não poderia existir e nem poderia estar ciente da sua existência".[17]

Talvez, até que começasse a leitura deste livro, você não tivesse noção de como Exu está mais próximo de nós do que nos contam. Confesso que, até hoje, fico boquiaberto quando percebo as situações muito pouco óbvias em que ele está presente.

Lembro exatamente do dia em que eu soube que teria que "deixar" o Candomblé. Cheguei à mesa de jogo do incrível Toorikpe e ele me disse uma frase que levarei comigo até meus últimos dias: *"Exu está dizendo que te colocou em uma encruzilhada para você escolher"*.

Na minha jornada com os Orixás até aqui, esse foi o dia mais desafiador de todos. As palavras de Toorikpe me atravessaram numa profundidade tão grande que não me restou opção nenhuma além de chorar. "Como assim, tenho que escolher?" Que escolha difícil essa que Exu esperava de mim!

De um lado, um Ìyàwó apaixonado pelo Candomblé e totalmente apegado à sua ègbé de origem; do outro, um devoto com uma necessidade extrema de se aprofundar mais em Orixá e na filosofia iorubá. Exu me colocou nessa encruzilhada propositalmente. <u>Quando você precisar fazer uma escolha difícil, saiba que foi Exu que te levou até esse momento: a essas escolhas difíceis que decidem nosso destino.</u>

Ifá nos ensina que existem dois tipos de escolha: as que estão de acordo com *àyànmó,* o destino, e aquelas que não estão. Exu é esse mestre que caminha conosco rumo ao nosso destino, ao nosso *àyànmó*. Foi nesse dia que eu entendi que ele sempre esteve em minha vida.

Quando preciso escolher um filme entre tantos na Netflix, Exu está presente (e olha que isso é bem difícil para mim às vezes, risos). Quando fiquei indeciso diversas vezes e fui forçado a escolher rapidamente porque meu tempo estava acabando, era Exu que estava lá me pressionando a decidir.

> **Exu é a própria escolha, não sendo boa nem ruim. Ele deixa claro que as nossas boas decisões nos trazem um caminho de sorte e as más nos levam para um estado de crescimento e compreensão.**

Por isso comentei que as pessoas perdem oportunidades quando enxergam Exu como um opositor. Pois, no fim das contas, quando entendemos que o caos é o que impulsiona, a gente nunca perde. Com Exu, somos vitoriosos o tempo inteiro.

Ele é aquele que carrega o axé e, por isso, tem posição privilegiada no Universo. Na nossa fala, Exu está presente. Neste livro que você está lendo agora, Exu está presente. No movimento corporal que você faz desde abrir o olho até um passo de dança, Exu está presente. Num móvel que está no canto da sua sala, Exu está presente. Numa pedra que caiu aleatoriamente no telhado de sua casa, Exu está presente. Qualquer movimento, qualquer comunicação, qualquer transformação, é Exu.

Desse modo, podemos concluir que Exu é aquela yalorixá lá do Capítulo 1, aquele evangélico que está sendo abençoado agora na igreja, os seus antepassados, a pedra Yangí, a concha Òkòtó, o babalorixá que me atendeu, a Netflix, as escolhas, esta escrita, eu e você. Exu é todos nós. Exu habita em tudo, em todos. Somos todos Exu.

capítulo três

EXU E OGUM: COMA E DURMA COM SEU PROPÓSITO DE VIDA

Conta um *itan* que Ogum (Ògún) ia passando por uma fazenda e avistou dois jovens brigando por um único peixe-bagre encontrado na lagoa que pertencia a um homem chamado Anibu--ma-logbun-un. Acontece que esse peixe só pôde ser capturado graças às ferramentas de drenagem de outro homem chamado Alogbun-un-ma-niibu, cada um pai de um dos jovens que guerreavam pelo peixe.

Ao chegar ao local onde acontecia a briga, Ogum encontrou os dois ofegantes e exaustos, e perguntou a razão daquela contenda. O filho de Bàbá Anibu-ma-logbun-un disse que o pai estava muito doente em casa. Ele contou que consultaram Ifá e lhes foi orientado que fizessem um ebó. A única coisa que faltava para alimentar o Orì do pai era a cabeça desse peixe que havia sido capturado na lagoa do próprio homem.

Já que não existia a possibilidade de ter mais de um bagre, pois somente um havia sido encontrado na lagoa, ele afirmou que o amigo deveria ter em conta que o pai – e dono da lagoa – estava muito doente. Então ele pediu a Ogum que convencesse o outro rapaz a acabar com a briga e deixá-lo levar o peixe.

Ogum, por sua vez, pediu ao filho do Bàbá Alogbun-un-ma-niibu que contasse a sua versão da história. O jovem explicou que o pai era muito pobre e não tinha como sustentar a família. Ao consultar Ifá, receberam a orientação de que fizessem um ebó para que o senhor pudesse prosperar na vida. A única coisa que faltava para esse ebó era o rabo do bagre que havia sido capturado naquela lagoa, porém com as ferramentas de drenagem dele.

O jovem alegou que, sem suas ferramentas, o peixe não teria como ser capturado; logo, era mais justo que o bagre ficasse com ele. O rapaz, então, pediu a Ogum que convencesse o rival a acabar com a briga e deixá-lo ir embora com o peixe.

Ogum, depois de ter ouvido ambas as partes, disse que os dois estavam cegos para a razão e que estavam sendo burros em seus argumentos. Disse que, uma vez que eles podiam cooperar para trabalhar juntos, também deveriam ser realistas o suficiente para saber que deveriam compartilhar os resultados do trabalho em conjunto.

Baseado no que ouviu deles e nas necessidades específicas de cada um, Ogum falou que nenhum dos dois precisava do peixe inteiro, e que a parte de que um precisava não afetaria o outro. Foi quando Ogum sacou sua espada e cortou o bagre em dois. Entregou a cabeça para o filho de Bàbá Anibu-ma-logbun-un, para que o levasse para casa e alimentasse o Orì de seu pai, e o rabo para o filho de Bàbá Alogbun-un-ma-niibu, para que o levasse para o pai e o usasse para alimentar Ifá e atrair sucesso e prosperidade.

Os dois partiram e seguiram com a vida. Em pouco tempo, Bàbá Anibu-ma-logbun-un recuperou a saúde, e Bàbá

Alogbun-un-ma-niibu deixou de ser pobre e de passar necessidades. Todos ficaram muito felizes e gratos a Ogum, Ifá e Orì.

Ogum, o rei universal, chefe das divindades; aquele que tinha água em casa, mas preferia se banhar com sangue, possui dois facões: um para limpar a terra para o cultivo, e outro para limpar caminhos para alcançar a liberdade. Não só nessa passagem, mas em diversas outras, ele é retratado como um Orixá ligado à generosidade, cooperação e ao senso coletivo.

Ele foi a primeira divindade a trabalhar no plano físico da existência, sendo o responsável por criar os ossos dos seres humanos, moldá-los e reconstruí-los. Fez isso de forma tão perfeita e mística que foi chamado de *Atunwada Gbogbo*: modelador de caráter e construtor do destino. Também é chamado de *Orangun Ile Ala*, aquele que transforma todos os desafios em alegria, que endireita as partes humanas.[18]

O guerreiro, ferreiro, caçador e dono de uma multiplicidade de personas é um Orixá importantíssimo na cosmologia iorubá por conta da sua característica intrínseca de evoluir e sustentar tudo aquilo que está em seu domínio. Ogum detém a maestria do ferro e fogo, é representado por muitas famílias pelas cores vermelha e azul-índigo – aquele azul mais profundo –, que, por sua vez, representam a parte mais quente da chama. Outras famílias o retratam com o mesmo azul e o preto. A expressão popular "a ferro e fogo" representa bem o que Ogum é: ferro e fogo, juntos, atuando como elementos vitais de movimento e transformação. Ogum que mantém tudo vívido, determinado e operante.

Sempre que leio os mitos e histórias acerca de Ogum, percebo que esse Orixá tem uma capacidade natural de entregar e concentrar energia em um único ponto, o que o conduz facilmente ao triunfo, à decisão, à segurança e à força.

Você deve concordar comigo que num mundo tão atribulado, com um mercado de trabalho cada vez mais exigente e uma autocobrança cruel em cima de uma mente massivamente alimentada pela grande mídia, que empurra goela abaixo uma série de coisas-que-você deve-ser-ou-fazer, entregar e concentrar energia em um único ponto torna-se uma tarefa bem difícil.

Há um tempo, o oráculo me disse que eu deveria cultuar e trazer Ogum para a minha rotina, porque meu Orì precisa dele. Quase caí pra trás. Primeiro porque eu não imaginava que pudesse ser tão deficiente do axé de Ogum. Segundo, porque na linhagem dos Odés, até mesmo por conta de todos os meus caminhos, eu jurava que era "mais fácil" Oxóssi estar próximo a mim do que Ogum.

Em uma dessas revelações, o oráculo me disse que eu perdia axé toda vez que começava algo e não terminava, por isso precisava de Ogum para entrar nas guerras e só sair delas quando elas acabassem. E mais: o fato de não conseguir concluir algumas coisas, além de drenar meu axé, fazia as pessoas me enxergarem com menos valor do que realmente eu tenho. E isso reverberava em muitas áreas da minha vida familiar, social, financeira...

Pense aí, um Olobàtàlá saber que não está sendo visto com o valor que deveria? Eu quase tive um treco. Foi então que entendi que, às vezes, eu me perco quando não procuro seguir e "imitar" Ogum.

Em todos os *itans*, é claro e nítido o quanto Ogum era entregue aos seus propósitos. Através dele vieram as armas, as máquinas e toda a evolução que conhecemos hoje. Ogum era/é um cara incrível. Como tinha poder e domínio do ferro e do aço, ele poderia fazer o que quisesse, pois seu conhecimento o colocava à frente de muitos. Mas, não! Ele se entregava a tudo o que fazia e curtia todos os processos de uma vida comum.

É perceptível, nas passagens que falam dele, que, mesmo sendo "fodão" – e provavelmente sabendo disso –, Ogum não deixava de desempenhar o seu papel de promover a evolução da humanidade.

Quando a gente ouve que deve amar o trabalho como forma de cultuar Ogum, é para que isso gere consciência de que o posicionamento exige uma entrega diária. E esse posicionamento consiste em se perguntar: "O que eu estou deixando de legado para o mundo?".

Nosso Orì cria coisas que viram realidade quando temos um propósito bem definido

Algo é certo: se quisermos chegar a algum lugar na vida (seja social, seja físico ou profissional), precisamos nos perguntar: Para onde estou caminhando? Isso realmente é importante pra mim? Meu Orì consegue ver de forma límpida o que busco na vida?

Um indivíduo chamado Ben trabalhava na feira vendendo frutas; junto a ele, trabalhava outro rapaz chamado Jalil. Durante muitos anos, os dois faziam a mesma coisa: colhiam frutas, montavam a barraca para acomodá-las e as vendiam. As pessoas que estavam "de fora" percebiam nitidamente que Jalil era muito mais inteligente e desinibido do que Ben. Entretanto, quinze anos depois, Ben já era um comerciante muito rico, com diversas bancas de frutas ao redor da cidade, e Jalil continuava na mesma barraca, levando a vida do mesmo jeito.

Eu não tenho dúvidas de que você já ouviu pelo menos uma história assim. Aquela pessoa para quem ninguém dava nada "de repente" se destacou de todos os demais ao seu redor. O que será que torna essas pessoas diferentes das outras, tendo em vista que elas têm as mesmas capacidades físicas e talvez as mesmas condições financeiras e sociais daquelas que ficaram pra trás? A resposta é simples: *Essas pessoas têm um propósito bem definido.*

Um mito conta que logo depois da tomada de Ire-Ekiti, após ter destruído as sete cidades que cercavam e defendiam o povo daquela cidadela, Ogum deixou seu filho Ogumdahunsi no comando dessas terras e retornou à sua cidade para trabalhar na forja. Em seu trabalho com os metais, Ogum fazia do fogo objeto da sua arte, com um manuseio ímpar do elemento, fabricando armas e ferramentas para atender à alta demanda de serviços que vinha daquela região, e os pedidos que não paravam de chegar.

Mas o que fazia Ogum ter sucesso em sua profissão e ser tão requisitado? Ele não só tinha um propósito bem definido (ajudar as pessoas daquela região), como também tinha planos para executar esse propósito. Sabe o que ele fez? Pediu ajuda a seu irmão Exu. Ogum poderia rejeitar os pedidos daquelas pessoas e seguir sua vida sendo o melhor de todos e ganhando com isso, mas o desejo de ajudar o povo a evoluir não o deixava parar.

O problema de grande parte de nós é entrar na pira por dinheiro e, com isso, nos abarrotarmos de atividades que, de fato, só nos trarão dinheiro. E aí o tempo vai passando, passando e chegamos ao ponto de não saber aonde vamos parar... de não saber o que estamos buscando. E, o pior, nos perdendo de nós mesmos.

Quantas pessoas você conhece hoje que estão infelizes em sua profissão, em sua vida, que vivem em função de pagar contas e acham a vida um saco? Aposto que muitas. Pessoas que se destacam das demais – assim como Ogum – decidem, em algum momento, o que querem, por que querem e como vão conseguir o que querem da vida, e só param quando conseguem. *É isso que Ogum faz: entrega e concentra energia em um único ponto, e isso o conduz facilmente ao triunfo, à decisão, à segurança e à força.*

Mas por que ter esse propósito bem definido é extremamente importante? Porque o propósito nos dá poder/axé pessoal. Quando definimos bem o nosso propósito e nos comprometemos diariamente com ele, todo o nosso conhecimento e a nossa energia giram em torno disso.

Tal qual Ogum, ao concentrarmos energia em um único ponto, criamos o que eu chamo aqui de "ebó do esforço": Orì,Ará (corpo), Exu, nosso Orixá e o próprio ambiente atuarão a nosso favor. Uma vez que essa união de forças nos dá esse axé pessoal, podemos superar qualquer adversidade ou desafio que se apresentar no caminho.

Então raciocine comigo. Partindo da ideia de que o propósito bem definido me proporciona axé pessoal e esse axé pessoal faz com que eu supere qualquer coisa, posso então afirmar que *axé e vitória são sinônimos*. Por isso, Ogum sempre foi vitorioso em suas empreitadas. Porque ele tinha poder; porque ele tinha axé.

O segredo de viver o propósito é o ebó do esforço coletivo

Indo bem direto ao ponto, ninguém vence sozinho. A nossa vida como devotos de Orixá nos mostra isso o tempo todo. O poder que surge a partir do propósito é composto por dois tipos de axé – pessoal e coletivo.

O axé pessoal surge das mais variadas nuances da nossa personalidade: física, mental, espiritual e emocional. O axé coletivo se origina da aliança de pessoas e espiritualidade unidas na busca de um mesmo propósito.

Vou dar um exemplo prático. Considere que uma casa de axé precisa ter sacerdotes, filhos, clientes e funcionários. De forma isolada, todas essas pessoas têm um axé pessoal que foi desenvolvido durante toda a sua vida. Quando elas se juntam, todos esses poderes pessoais são unidos em um "ebó do esforço coletivo" e, juntos, eles desenvolvem o axé coletivo.

Então, antes mesmo de termos o poder do axé coletivo, precisamos desenvolver o axé pessoal – que resultará da união equilibrada –, com foco na melhoria contínua dos nossos poderes espiritual, mental, emocional e físico. Equilibrando-os e focando sempre na melhoria deles, teremos cada vez mais axé.

Agora, voltando à história que contei lá no começo, a de Ben e Jalil. O que fez Ben se tornar um supercomerciante em sua cidade com diversas bancas de frutas e várias pessoas trabalhando para ele? Primeiro, ele desenvolveu axé pessoal, se concentrou no propósito e, depois disso, teve a ajuda de outras pessoas – e, claro, da espiritualidade.

O motivo que "separou" Ben e Jalil é o mesmo que separa pessoas prósperas das pessoas não prósperas: a falta de propósito somada à nossa capacidade de manter o hiperfoco – ensinado por Ogum – até conseguirmos realizar nossos objetivos. Sem um propósito claro na mente, passamos o dia dividindo energia e colocando o pensamento em diversos lugares.

Exu nos ensina que podemos alcançar tudo que quisermos, desde que tenhamos bem definido o que realmente queremos

Exu habita em todos nós, inclusive nos Orixás. E por que eu falo isso? Porque é nítido como as nuances dele também estão presentes na personalidade de outros Orixás. Se você estudar minuciosamente as passagens de Exu, vai notar duas coisas:

1. Ele nunca está sozinho na narrativa;
2. Ele sempre é coadjuvante, nunca o protagonista. Está sempre ajudando ou até mesmo atrapalhando alguém.

Exu é elo, ponte, caminho. Está sempre conectando coisas. Esse é o propósito definido de Exu, por isso ele tem poder/axé pessoal, o que reverbera em axé coletivo: todos estão dando mais força a ele o tempo todo. Nenhum outro Orixá faz tão bem o que ele faz.

E por que não dizer que há muito de Exu habitando em Ogum?

Partindo da ideia de que Ogum se tornou o melhor no que faz por conta do seu axé pessoal, e isso só foi possível porque ele canalizou sua energia para um ponto específico (ajudar a humanidade a evoluir), já percebemos o quanto é necessário ter um propósito. Não desenvolvemos axé pessoal quando não temos um porquê, quando não temos onde colocar energia. Por isso, para vencer na vida, precisamos, antes de tudo, de um propósito.

Agora convido você a, junto comigo, imaginar com riqueza de detalhes a seguinte situação: Ogum, com seu desejo de ajudar a evoluir a humanidade, aleatoriamente pensou: *E se eu criasse algo que ajudasse a acelerar o plantio e a colheita dessas pessoas?* Sabe qual foi o primeiro passo que ele deu? Ter desejado! Depois disso, veio o propósito de construir as ferramentas para alcançar seu objetivo e, então, um plano detalhado de como colocá-lo em prática.

Cada ferramenta é feita de uma forma, certo? Cada uma segue um passo a passo específico para ser produzida. Vamos imaginar, na mais inocente das hipóteses, que Ogum decidiu criar as ferramentas como a enxada e a foice sem planejar nada, sem um norte para guiá-lo, sem ter claro o porquê de cada uma. O resultado não seria satisfatório, e as ferramentas não cumpririam seu papel de proporcionar evolução na agricultura.

EXU É ELO,
PONTE,
CAMINHO.
ESTÁ SEMPRE
CONECTANDO
COISAS.

Até aqui, tudo bem? Esse exemplo pode ser absurdo para você, mas pare e raciocine: na nossa vida, é assim que acontece. Definir um porquê é sempre uma atitude de liderança. Aqui é onde eu vejo as semelhanças entre Exu e Ogum. Um líder é quem começa algo, é quem aponta um caminho. Definir um propósito é apontar um caminho. Ogum faz isso, Exu que o diga.

O propósito faz com que você seja líder de si mesmo. Tudo começa em você, e depois reverbera nos outros. Tudo que começa em algum lugar é Exu. Entretanto, para desenvolver essa liderança pessoal, precisamos saber exatamente quem somos e o que queremos ser, aonde queremos chegar, em que vamos contribuir.

Muitas pessoas até pensam que têm um propósito, mas às vezes não é o caso. Quer ver como? Suponhamos que você chega para alguém e pergunta: "Qual é o seu propósito de vida?", e ela responde: "Quero ter mais dinheiro". Ok. Mas, venhamos e convenhamos, só ter o ganhar-dinheiro como propósito sem definir um método de como obter e acumular esse dinheiro deixa esse propósito vago e indefinido. O segredo aqui é o axé principal de Exu: a comunicação.

É necessário definir em detalhes como ganhar esse dinheiro. É preciso que a pessoa comunique para si mesma – para que o Orì compreenda – como quer que esse propósito se materialize. Não basta só dizer que quer ganhar dinheiro com um negócio; é necessário comunicar para a mente, o corpo e o espírito os detalhes do negócio, e esses detalhes precisam estar com a pessoa o tempo todo, ela deve comer, dormir, trabalhar, viver com eles.

E, quando qualquer um de nós faz isso, quando temos bem definido o que queremos, fica mais fácil dizer *não* para o que vai nos desviar desse caminho. Não desperdiçaremos tempo nem energia com outras atividades que não nos levarão aonde queremos ir.

TUDO
COMEÇA
EM VOCÊ,
E DEPOIS
REVERBERA
NOS OUTROS.
TUDO QUE
COMEÇA
EM ALGUM
LUGAR É EXU.

Quando a fama de bom ferreiro de Ogum correu toda a região, ele foi chamado de Ogum Alágbèdе, o ferramenteiro, o senhor da forja. E ele respondia cantando:[19]

Ogum Àgbède kóyá kóyá (Você saia rapidamente)
Ogum Àgbède kóyá kóyá (Você saia rapidamente)
Njó njó ara là'ye (Para não ser queimado)
Ogum Àgbède kóyá kóyá (Que eu não me queimo)

Esse manejo do fogo com o objetivo (propósito) de forjar os metais necessários para a produção das ferramentas fez Ogum repetir por diversas vezes: *Orò mi' ná (n)*, que quer dizer meu ritual é o fogo.[20]

O propósito de Ogum era ajudar a humanidade a evoluir, e ele fazia isso através da criação de armas e ferramentas; comunicava isso através do fogo. Por isso, Ogum vencia todas. Tudo era muito claro no Orì dele. Intencional ou não, ele fazia o que Exu nos ensina diariamente; ele comunicava.

Quando as ambições do seu Orì forem fortes o suficiente, o divino agirá a seu favor

Se você der um Google agora em "pessoas que trabalham no que não gostam", vai encontrar diversos artigos e pesquisas feitos ao redor do mundo. Neles verá que a maioria das pessoas que não alcançam o sucesso na carreira está envolvida com algum tipo de trabalho que não lhes dá prazer.

Eu sempre comento em meus podcasts que o trabalho é sagrado em nossa filosofia. É através dele que materializamos o nosso axé, que ganhamos poder, que exercitamos nossa orixalidade. Se você analisar os mais diversos *ìtans* dos Orixás, vai ver que o trabalho, o comércio, o artesanato estão em grande parte deles. Para o africano, o trabalho dignifica Orì, atrai sorte e bênçãos.

Isso revela algo muito importante que devemos levar em conta na hora de definir o nosso propósito. A melhor forma de definir nossos objetivos de vida é descobrindo onde estão os nossos potenciais e nos comprometermos a desenvolvê-los principalmente através do nosso trabalho.

Vimos que o axé pessoal é fruto da harmonia e melhoria contínua das nuances da nossa personalidade no âmbito espiritual, mental, emocional e físico. Para que possamos desenvolver ainda mais o nosso axé pessoal, precisamos identificar nessas nuances onde estão nossas maiores forças para que as apliquemos em nosso trabalho.

> Como identificamos as nuances de personalidade?
>
> - **Espiritual**: é o que dá uma dimensão maior ao que estamos fazendo e proporciona uma sensação mais poderosa do que o habitual. É o que nos faz sentir que o nosso trabalho contribui para a transformação do mundo.
> - **Mental**: é o que nos ajuda a enxergar o trabalho de forma racional, nos mostra como podemos transformar propósito em dinheiro.
> - **Emocional**: é o que nos conecta profundamente com o que estamos fazendo. É a coragem, o tesão, a vontade de fazer o tempo todo.
> - **Físico**: representa nossas habilidades, é quando percebemos que temos mais facilidade de fazer determinadas coisas. Quando estamos fazendo algo em que temos facilidade, nosso corpo relaxa e, energeticamente, as coisas fluem e se conectam melhor.

Quando todas essas características estão em harmonia e sendo melhoradas continuamente, ganhamos confiança, segurança, força, criatividade e sabedoria, ou seja, ganhamos axé pessoal. É esse ponto que quero tratar com você aqui. Certamente há algo, aliás, "algos" que você sabe fazer melhor que muita gente. Você só precisa descobrir que coisa é essa e fazer dela o objeto do seu propósito.

Eu vou dar o meu caso como exemplo (risos). Eu sempre estive envolvido com comunicação, desde criança. Sempre gostei de artes, educação, entretenimento e literatura. Todas as minhas experiências profissionais antes de me formar eram na área de vendas ou atendimento ao cliente. Me formei em Publicidade e Propaganda e, de forma inconsciente, sempre estava lidando com comunicação.

Com o culto a Exu, entendi de onde vinha essa "coincidência". Exu está comigo desde que me entendo por gente. Hoje sei que meu trabalho em comunicação está alinhado ao meu propósito de vida, Exu me guiou ao meu destino. Quando entendi isso, potencializei esse axé e hoje sei que estou alinhado com meu destino e propósito. Depois isso, tudo fluiu: realização pessoal, financeira, saúde, social etc.

O propósito precisa dar profundo sentido à nossa existência. E esse sentido só se apresenta quando notamos o que há de melhor em nós (aqui entra a necessidade urgente de autoconhecimento). Quando buscamos conquistar algo sem nos preocupar em desenvolver nosso axé pessoal, sempre teremos uma sensação de vazio, culpa ou falta de significado.

Aí você deve me perguntar: "Tá, Òkè, mas por que isso acontece?". É muito simples! Porque o significado maior da nossa vida está em desenvolver nossas habilidades, nosso potencial, nosso axé. Não importa quanto ganhamos, quantas viagens fazemos nem quantos amigos temos... o que vai nos fazer felizes de verdade é saber e sentir que estamos em constante evolução. Nosso Orì foi programado assim.

> **"A cabeça de um homem faz dele um rei."**
> (PROVÉRBIO AFRICANO)

Se você está aqui agora, lendo este livro, é porque seu Orì está nessa busca constante de evolução. E se tudo que conversamos até aqui está fazendo sentido para você, observe como seu corpo está reagindo. Quais são os sentimentos que o visitam agora? Você está se sentindo bem lendo tudo isso aqui?

Convido você a fazer um exercício. Se até aqui esta leitura estiver te fazendo bem, se seu Orì está se sentindo acolhido, me deixe saber! Tire uma foto desta página, poste nos seus stories e comente: "Òkè, faz sentido". Ah, e não se esqueça de marcar o meu arroba: @oorixaquehabitaemmim.

Para definir o nosso maior propósito na vida, precisamos começar pela busca do que há de melhor em nós. Identificar nossas forças, agir com base nelas e nos expandir criando conforto, segurança e satisfação em tudo que fazemos.

Lembra que falamos lá atrás que precisamos andar, comer, dormir e respirar nosso propósito? Se seu propósito estiver estabelecido sobre algo pelo qual você não sente tesão, dificilmente vai querer comer e dormir com ele (risos). Por isso, precisamos urgentemente descobrir qual atividade explora o melhor de nós, que é fácil de executar e que amamos fazer.

Assim como Ogum, só seremos felizes e grandiosos quando formos apaixonados pelo que fazemos. Só conseguiremos prosperar em algo quando nos entregarmos de corpo, alma e coração.

O SIGNIFICADO MAIOR DA NOSSA VIDA ESTÁ EM DESENVOLVER NOSSAS HABILIDADES, NOSSO POTENCIAL, NOSSO AXÉ.

Se até o dia de hoje você não sabe ainda qual é o seu talento e por que está neste mundo, faça o seu propósito ser a busca pelo seu talento. Não pare até encontrar a resposta. Decida agora que descobrir o seu propósito é a sua primeira tarefa. Defina o que você quer, por que quer, quando quer e o que precisa fazer para conseguir.

MÃO NO EBÓ

Um dos motivos que nos impedem de ter um propósito é a falta de comprometimento e envolvimento. Igual àqueles namoros que a gente inventa de ter para passar o tempo, sabe? Pois é. Não basta só ler este livro, é preciso energizar esse ebó, ou seja, bora partir para a ação! Sem agir, não nos envolvemos, e, se não nos envolvemos, nada acontece.

A busca pelo propósito deve ser ainda mais importante que o próprio propósito (segure esse trava-língua!). Você precisa entender de verdade que o seu propósito é a junção de algo em que você é bom + algo que você ama + algo que ajuda o mundo + algo que dá dinheiro.

Encontrar/criar um propósito não acontece como em um passe de mágica. Requer autoconhecimento, reflexão, estudo e, claro, uma "magiazinha", porque somos desses! E isso tudo acontece em um processo contínuo, e requer o que Ogum nos ensina: FOCO.

E, como falamos ao longo deste capítulo, você só terá um propósito quando tiver um plano para realizá-lo. Logo, você fará o seguinte para colocar a mão nesse ebó e fazer a magia acontecer.

1. Defina BEM qual é o seu propósito.
2. Transforme-o em algo claro, palpável e objetivo. Sugiro criar uma frase, um conceito, uma palavra, uma reza para o seu Orì compreendê-lo.

Vou mostrar para você as afirmações que criei para reforçar diariamente o meu propósito de ser um comunicador:

    Orì, Oxalá prospera através da voz.
    Orì, eu também prospero através da voz.
    Orì, Exu prospera através da voz.
    Orì, eu também prospero através da voz.

3. Coloque no papel como você deseja transformar o propósito em realidade.

A princípio, isso tudo pode parecer trabalhoso, mas lembre-se: ao falar e escrever, estamos exercitando a *comunicação*, logo, Exu atuará a nosso favor.

Quando fazemos as coisas sem propósito, ou não criamos um plano para executá-lo, é como ter todos os ingredientes de uma receita e não saber por onde começar. Como esse prato vai sair? Eu aprendi que trabalhar feito condenado e ter aquela positividade gratiluz no Instagram não são suficientes para nos fazer vencer. Temos que saber de fato o que queremos! Portanto, coloque a mão nesse ebó e vamos para a guerra!

Que Exu não te manipule!

capítulo quatro

EXU E OXÓSSI: PENSE COMO UM CAÇADOR

Um mito conta que no *Àiyé* havia um macaco que era considerado uma anomalia por ter dezesseis caudas. Ele vivia nas florestas de Ìrèmo, em Ilé-Ifẹ̀. Esse macaco era perigoso; devorava homens e foi a causa da morte de jovens e anciãos, o que fez dele uma ameaça para toda a cidade. O Olófin Àdìmúlà, rei daquele lugar, estava preocupadíssimo com o seu povo. Suas tentativas de encontrar o macaco e matá-lo não foram bem-sucedidas.

Por isso, Olófin decidiu consultar Ifá, que o orientou que oferecesse um sacrifício que contivesse: um arco, flechas, um cetro, um cachorro, galos e, também, um sacrifício para Ogum. No arco e flecha, o bàbáláwo soprou ìyèròsùn e orientou que, de acordo com as revelações do Ifá, a pessoa que salvaria a cidade estava a caminho.

"Qualquer habitante da sua cidade que anunciar a chegada

é um espírito enviado do céu para matar o macaco e devolver a paz da cidade", disse o Bàbáláwo.

O Olófin seguiu as recomendações e esperou. Com o passar do tempo, muitas mulheres deram à luz, porém todas as crianças eram mulheres. Tempos depois, nasceu um menino. Ligeiro, o rei enviou emissários e ordenou-lhes que o arco, as flechas e o cetro fossem entregues a essa família, que foi incumbida da tarefa de ensinar o menino a usar essas ferramentas à medida que envelhecia.

Esse menino foi nomeado Òṣọ́, que significa "alguém que zela por alguma coisa". Conforme ia crescendo, ele queria pegar esse arco, cetro e flechas e brincar caçando pequenos animais. Sua habilidade era tão visível que seus amigos, vez ou outra, o incitavam a atirar uma flecha em um animal em movimento.

Um belo dia, Òṣọ́ estava brincando com seus amigos quando se deparou com o macaco de dezesseis caudas; este aparentava estar muito cansado, pois tinha adormecido. Ao ver aquela cena, Òṣọ́ logo pensou com precisão, sacou seu arco e flecha, mirou no rosto do animal e atirou bem no meio dos olhos. O macaco morreu em segundos.

A notícia sobre o jovem caçador que havia matado a criatura mais temida de Ìrèmo se espalhou rapidamente por toda a cidade. Òṣọ́ foi levado até o palácio, e lá foi reverenciado e banhado em presentes, entre os quais um cavalo. O rei ordenou que todos os líderes divisionais de cada um dos clãs existentes acompanhassem o rapaz até sua casa e que ele fosse tratado como uma personalidade importantíssima.

O nome Oxóssi, Òsóòsì em iorubá, é, na verdade, um título de honra que o rei concedeu ao menino que matou o macaco de dezesseis caudas. "Òṣọ́ wùsì", que significa "Òṣọ́ ficou rico". Foi de Òsó wùsì que veio o nome Òsóòsì.

Um verso de Ifá conta que Oxóssi, além de oferecer proteção tal como Ogum, pode enriquecer seus devotos. Ele tem a capacidade natural de trazer riqueza para perto de todos aqueles que estão dispostos a lhe oferecer sacrifícios, que são comida e tabus – os mesmos que Ogum.

Oxóssi é o Irúnmọlè dos caçadores, e está muito relacionado a Ogum. Na verdade, acredita-se que ele tenha sido o chefe seguinte da Egbé Ode, sociedade de caçadores que se tornou modelo para tantas outras, e também fundado a sociedade Ogbóni. Oxóssi foi quem trouxe sofisticação na forma de fazer caça.

Esse Ebora está associado ao poder espiritual de mirar na presa, rastreá-la e atraí-la. Enquanto Ogum precisava estar perto de seu alvo para atingi-lo com o facão, Oxóssi conseguia pegar sua presa a distância. Com isso, depois dele, vieram todas as armadilhas e arapucas.

Oxóssi é notável por conta da sua generosidade, gentileza, intuição e percepção aguçada, o que faz dele um caçador, líder e feiticeiro habilidoso, concentrado, observador e estrategista. É rei de Ketu, patrono e protetor do seu povo e, por isso, é também chamado de Olóyè Méjì, que significa "homem de honra portador de dois títulos: Rei de Ketu e Patrono dos Caçadores".[21]

Ele é a própria mata, por isso conhece cada ser e coisa que nela vive, também é liberdade e melodia, aspectos que são fontes poderosas do seu axé pessoal. A música é utilizada tanto nas caças quanto nas batalhas para atrair boa fortuna e tornar o trabalho prazeroso.

Isso porque, quando trabalhamos felizes, somos mais ágeis e atraímos sorte. Razão pela qual se acredita que *Oxóssi não só vai atrás de suas caças, como elas também vêm até Ele*. Essas duas forças se encontram porque o fluxo energético em que atua esse Orixá é abundante e, nesse estado vibracional, as coisas boas o abraçam. Seus iniciados e devotos tendem a se aproximar da entidade espiritual da riqueza, desde que estejam dispostos a oferecer-lhe sacrifício. Oxóssi ama suas caças para que elas o amem de volta.

Minha conexão com Oxóssi é muito antiga. Foi o primeiro Orixá masculino que cultuei na vida, foi para ele que fiz minha primeira oferenda. Lembro como se fosse hoje: milho, coco, um alguidar de barro, folhas e algumas frutas. Aquele dia me marcou profundamente.

Quero propor a você um pequeno exercício que vai fazer este capítulo se desenrolar melhor. Feche os olhos e tente se lembrar da primeira oferenda que você fez na vida e o Orixá para o qual você a ofertou. Depois de um tempo, se observe. Como você se sente? O que seu corpo diz nesse momento? Quais são as sensações que passeiam pela sua mente agora?

A maioria das pessoas, principalmente no Ocidente, associa prosperidade somente ao dinheiro. Elas enxergam uma vida próspera pautada no conforto e em bens materiais e seguem nessa busca até conseguirem exatamente isso. É superimportante deixar claro que para o africano, principalmente o nigeriano, não há problema em querer dinheiro, gostar de dinheiro e ser rico, muito pelo contrário! Eles acreditam que a prosperidade financeira é um reflexo da boa relação e atuação dos Orixás em nossas vidas, portanto tá tudo bem procurar ter uma relação cada vez melhor com o dinheiro.

Mas há também aquelas pessoas que buscam prosperar na vida por meio de triunfos que vão além do acúmulo material. Elas enxergam a felicidade e a prosperidade como a junção de saúde, boas companhias, família estruturada, reconhecimento social e, claro, dinheiro! Se você é uma dessas pessoas, esta leitura fará um sentido enorme para você.

Durante anos, a caça às baleias no Brasil (iniciada no Brasil Colônia) era uma atividade que tinha como principal objetivo a extração de óleo e a venda das barbatanas que eram utilizadas na fabricação de espartilhos, golas, mangas, chicotes e varas de pescar. A carne, apesar de não ser o foco principal, era vendida salgada e desidratada, e a língua do mamífero era uma iguaria consumida pela realeza.[22]

Não havia a compreensão de que a caça às baleias, além de cruel, devastava as grandes populações de mamíferos marinhos e, claro, desequilibrava o ecossistema. Elas se alimentam de uma grande quantidade de crustáceos e seu extermínio pode provocar uma superpopulação das suas presas e causar uma extinção de outras espécies marinhas. Levaram praticamente à extinção uma espécie apenas para ganho financeiro sem atentar para o fato de que colocar a própria vida em risco no futuro é irresponsabilidade. Quando não se tem conhecimento dos princípios que regem o que chamam de prosperidade, ficamos à mercê de convicções equivocadas.

Meu objetivo aqui é que a gente aprenda a pensar como um caçador. Evitar erros de julgamento, previsões, opiniões e palpites infundados. Pensar com precisão, bloqueando o fluxo de influência negativa sobre nossas próprias emoções.

É a cabeça do ser humano que faz dele um rei. Só controlamos o nosso destino quando controlamos nossos pensamentos.

Lembra da história do Ben e do Jalil lá no Capítulo 3? Ambos saíram do mesmo lugar, Jalil era mais desinibido e inteligente do que Ben, no entanto Ben foi quem realmente prosperou na vida. Por que esse tipo de situação é muito comum? Por que nos esbarramos com pessoas com menos oportunidades que as nossas, com menos capacidade, e elas alcançam mais coisas que a gente? Eu não sei você, mas eu já vi muitos casos assim.

Pessoas que alcançam esses feitos adquirem características que as fazem pensar como um caçador. Com um objetivo claro em mente, elas apenas se preocupam com coisas, fatos e opiniões que são importantes para execução do seu propósito. Oxóssi pensava assim: se o pensamento, fato ou opinião não contribui para a minha caça, ele não importa.

Como todo caçador, ele fazia uma triagem das questões que eram essenciais para atingir seus objetivos e deixava as menos importantes para depois. Na maioria dos casos, as abandonava por completo. Pessoas como Ben, às vezes, nem trabalham mais, nem têm mais sorte nem são beneficiadas pelo meio ou por terceiros (como era o caso desse personagem), mas, como aprenderam a separar o que realmente importa (caça), acabam se tornando mais ágeis, eficientes e eficazes. O caçador faz mais com menos; ele pensa com precisão. Oxóssi abateu um macaco com uma única flecha.

Agora vamos a um exemplo da própria natureza que nos ajudará a compreender a importância de pensar como um caçador. Imagine que uma águia sobrevoa uma imensa floresta à procura de uma caça. A visão dessa ave é quatro a cinco vezes mais potente que a humana. Além de distinguir com muito mais clareza as diferentes nuances de cores, o olho desse animal caçador consegue enxergar raios ultravioleta que são necessários para, lá de cima, ela poder reconhecer o rastro de urina de suas presas.

Dentro desse emaranhado de imagens, cores e reflexos, só uma coisa importa: a caça. Nada mais faz sentido para ela. Apenas isso. É assim que caçadores pensam (eu fico rindo quando percebo que as respostas estão na própria natureza, pois a águia está entre os dez animais mais predadores do mundo).

Todos os dias, em todos os momentos, temos uma infinidade de opções, uma imensa variedade de caminhos à nossa frente. A verdade é que vivemos cercados de encruzilhadas o tempo todo. Pensar como um caçador é saber escolher, entre diversas opções, aquele caminho que satisfaz a nós mesmos, ao nosso propósito.

Quando Exu me colocou na encruzilhada de ter que decidir se eu continuava no Candomblé ou migrava pro Isese Lagba, fui obrigado a pensar como um caçador. Eu não tive escolha. O momento exigia pensamento racional, capacidade lógica para entender qual dessas situações estava mais alinhada ao meu propósito. Essa experiência um pouco confusa me ensinou que Exu nos coloca em encruzilhadas para que possamos aprender a pensar como um caçador. E isso envolve dois fundamentos principais:

1. Separar fatos reais de opiniões;
2. Separar os fatos em duas categorias: os mais importantes e os menos importantes.

Muitos dos pensamentos que eu e você temos hoje não são baseados em fatos, e sim em opiniões. Da mesma forma, a maioria dos fatos, mesmo que reais, muitas vezes não interessa nem ajuda a realizar o nosso propósito. Quer um exemplo prático?

A sociedade cristã ocidental demoniza religiões de matrizes africanas o tempo todo. Essa é uma opinião desse grupo. Eles não vivem o nosso culto, logo, não conhecem o que cultuamos, por isso esse pensamento não é um fato; não existe verdade nele. Se fôssemos prestar atenção nessa opinião, não estaríamos aqui hoje, não viveríamos o nosso propósito.

E aqui vem uma verdade dolorosa: muita gente não está vivendo o seu propósito porque está prestando atenção demais nas opiniões dos outros e se esquecendo dos fatos, que é onde mora a verdade. Onde mora Exu.

Exu não vive nas opiniões. Ele domina os fatos. Quando você estiver dando uma opinião, não estará sendo Exu. Mas quando você relatar um fato verídico, sim. Esteja atento a essa diferença.

Todos os fatos que nos rodeiam e nos ajudam a seguir nosso propósito são extremamente relevantes, e os que têm pouca ou nenhuma importância devem ser esquecidos. A capacidade de separar essas duas situações é o que divide pessoas com as mesmas habilidades e condições sociais, mas que alcançam triunfos diferentes. Somente quando levamos em conta os fatos, e não as opiniões, estamos prontos para pensar como um caçador.

Muito da autoconfiança ensinada por Exu vem da capacidade de pensar como um caçador.

Eu acho incrivelmente lindo o fato de a filosofia e a religiosidade africanas serem coletivas a ponto de pensarmos e percebermos o quanto os Orixás (todos eles) estão extremamente ligados uns aos outros. Perceba que, até aqui, estamos trazendo nuances do "pensar caçador" na perspectiva de Oxóssi e as

EXU NÃO
VIVE NAS
OPINIÕES.
ELE DOMINA
OS FATOS.

relações de Exu com as caças. Isso me faz pensar o quanto nossa filosofia nos desenvolve a ponto de cultuarmos vários Orixás ao mesmo tempo apenas praticando as ações corretas.

Qualquer juiz é capaz de agir com justiça se ele conhece os fatos. O que me remete a uma história que ouvi uma vez sobre o meu Orixá, Obàtálá.

Por ser Pai de todos, Obàtálá os ama incondicionalmente e, desse modo, deve ser imparcial com todas as questões que envolvem os seres. Uma história conta que quando existiam conflitos nas sociedades, o velho ancião era chamado para resolvê-los, pois ele era o único que agiria com imparcialidade, justamente por ser considerado Pai de todos. Desse modo, Obàtálá recebeu os títulos de *alagbawi* (o mediador) e *onilaja* (o confortador ou juiz).[23]

Perceba que, para conseguir seguir o propósito da missão (que seria acalmar os ânimos e devolver a paz para a aldeia), Obàtálá precisava se ater aos fatos, não às emoções e opiniões. Ele precisava fazer exatamente como aquela águia que vê muita informação ao mesmo tempo: focar no que realmente importa. Juízes precisam agir assim se querem exercer com maestria seu ofício, pois a injustiça nasce da confusão de fatos e opiniões. Onde tem fato, tem verdade. Onde tem opinião, pode haver mentiras. Repito: por isso, Exu não vive nas opiniões.

Essa característica de pensar como caçador, de analisar as situações com precisão, de se ater aos fatos, e não às opiniões, leva o indivíduo a desenvolver outros atributos, como autoconfiança, iniciativa, disciplina e empatia. Todos eles, axé de Exu. Talvez, neste momento, surja aquela dúvida na sua Orì: Mas por quê?

Muito simples, meu caro macumbeirinho, macumbeirinha ou macumbeirinhe, porque a pessoa com esse poder de discernimento se afasta de qualquer possibilidade de mentira criada por ela mesma ou pelos outros. Essa pessoa pode fazer escolhas e tomar decisões com firmeza, pois tem certeza e clareza de onde está pisando. Laroyé!

Quem pensa como um caçador, recebe as mesmas sugestões e opiniões que os demais. A diferença está em seu senso crítico. O caçador sabe o que quer, mira na caça e, por conta disso, separa o que é útil para cumprir seu objetivo. E se o fato em questão for desfavorável para ele, mas ainda assim contribuir para o seu propósito, ele o usará em seu benefício, criando uma estratégia para superar a adversidade que lhe foi imposta.

Que nós possamos amar nossas caças para que elas nos amem

Quando assumiu a chefia da Sociedade de Caçadores (Egbé Odé), Oxóssi refinou os costumes de caça implantados por Ogum. Como falei anteriormente, foi através dele que surgiram as armadilhas e arapucas. O pensamento criativo desse Orixá é de natureza positiva, está em harmonia com um propósito específico e escolhido de forma consciente.

Ao criar uma nova armadilha, Oxóssi pensa minuciosamente no que é necessário para atrair aquilo que deseja capturar. Ele conhece bem as suas caças. Sabe também que precisa separar todos os cordões e madeiras que vão lhe proporcionar a força desejada para capturar a presa. Da mesma forma, ele sabe que o solo é importante para que as madeiras se mantenham firmes ao chão. O sol e a chuva também interferem se essas madeiras estão sólidas ou ocas. Uma vez analisado tudo isso, o fluxo natural das matas fará a sua parte.

Ocorre a mesma coisa quando olhamos para o nosso propósito de vida. Primeiro, preparamos o Orì para receber nosso desejo; em seguida, vem o período de preparo, espera e realização. Durante todo esse tempo, precisamos ter fé para que a natureza faça a parte dela.

Assim como Oxóssi, nossas armadilhas e arapucas não são construídas do dia para a noite. É preciso ter em mente que não devemos ficar parados nem ir para a cama na esperança de que, no dia seguinte, todas as nossas caças estejam à nossa porta. Pensar como um caçador não nos fará acordar com um castelo com três piscinas e duas quadras, mas abrirá possibilidades reais de prover as ferramentas necessárias para construí-lo.

Se, assim como Ben e Jalil, seu sonho é ser um grande empresário, você precisa saber por onde começar. O ideal é traçar um plano com etapas e prazos alcançáveis para serem executados. E, claro, saber exatamente o que fazer em cada uma dessas etapas. Mas não se preocupe, Exu te guiará. Apenas faça sua parte. Execute o que você planejou para daqui a um mês, três meses, seis meses, um ano. Viva cada etapa como se fosse sua única caça. Aplique essa lógica em tudo o que precisar fazer.

Nossa espiritualidade não confia em milagres. Confiamos na força da natureza para nos guiar. Devemos aproveitar as leis naturais para realizar os nossos sonhos. Não espere que os Orixás lhe tragam os seus sonhos de bandeja. Sonhe, permita-se sonhar, permita-se escolher. Peça que eles lhe mostrem os meios pelos quais você vai alcançar o que deseja; feito isso, aja com disciplina e fé absoluta.

Escolha, planeje, execute, avalie, corrija, refaça. Isso é pensar com precisão; é pensar como caçador. Isso é cultuar Oxóssi no dia a dia. Assim como as armadilhas não foram criadas sozinhas, não nascemos prontos. Precisamos criar o tempo todo.

Eu sempre digo aos que me procuram para serem orientados através do oráculo que as palavras que saem da nossa boca são extremamente poderosas, afinal, elas são a materialização de Exu. Nesse processo de pensar com precisão para colocar em prática e realizar, a autossugestão é uma poderosa ferramenta de caça.

Falar para si mesmo que você consegue, que você é capaz de realizar, te traz um axé absurdo de autoconfiança, iniciativa, entusiasmo, disciplina e empatia consigo mesmo. E, mais uma vez, repito: isso acontece porque, ao pensar como um caçador, você está atento aos fatos e, de forma lógica, terá discernimento de reconhecer as suas armas e seu potencial de caça, o que facilitará muito seu avanço na mata.

Mas não se engane! O contrário também ocorre. Não adianta pensar como águia e minar seu próprio axé com as palavras nada agradáveis que fala sobre si mesmo. E não podemos esquecer que *tudo* comunica. Emitir um pensamento já é comunicar algo.

E é aqui que percebemos o quanto de Exu habita em Oxóssi:

1. **A capacidade de controlar os pensamentos e direcionar para aquilo que quer:** Oxóssi observa, foca e direciona o pensamento para sua caça. Apesar de ser múltiplo e repleto de possibilidades, Exu nos ensina que devemos ter foco, e ter foco é pensar como caçador.
2. **O pensamento que o poder tem sobre o corpo:** uma vez que a mente acredita que vai alcançar um propósito, o corpo responde positivamente. O caçador, por enxergar as coisas com lógica, desenvolve autoconfiança, e esse

NOSSA ESPIRITUALIDADE NÃO CONFIA EM MILAGRES. CONFIAMOS NA FORÇA DA NATUREZA PARA NOS GUIAR.

axé toma o seu corpo, facilitando a realização. Tudo que realiza é Exu.

3. **Amar as nossas caças para que elas nos amem:** amar a caça é conhecer, entender como acessá-la, calcular milimetricamente como trazê-la para o nosso campo de visão. Uma vez que preparamos uma armadilha encantadora, a caça vem até nós. É encontro, conexão. Trocas justas.

MÃO NO EBÓ

Pessoas que pensam como caçador usam o pensamento preciso para dirigir a autossugestão de maneira que essa energia se torne indispensável para quem quer realizar o seu propósito de vida.

Neste capítulo, falamos da importância de traçar um plano de caça e saber exatamente o que fazer para chegar lá. Para isso, você precisará de um mapa. E o ideal é planejar tudo definindo um prazo. O que você fará dentro de um ano, três anos, cinco anos, dez anos? Visite sempre esse mapa. Ao interiorizar o passo a passo, seu Orì começará a atrair oportunidades e acontecimentos que o conectarão ainda mais com seu propósito.

Sei que isso tudo parece papo de coach de autoajuda, mas a ideia aqui é mostrar a você que não basta ter um desejo forte durante uns dias, semanas ou meses e, depois, esfriar. Temos que manter isso claro em nosso Orì por tempo suficiente para transformar o propósito em realidade.

Filhos de Orixá persistem. O persistente jamais conhecerá a derrota.

Te desejo boas caças!

Que Exu não te manipule!

capítulo cinco

EXU E XANGÔ: CONFIE EM SI MESMO

Em tempos ancestrais,[24] Olódùmarè e Exu ensinaram a um homem todos os segredos para viver no *Àiyé. Assim, ele poderia praticar o bem e o mal, se fosse o que quisesse.* Obàtálá, Xangô (Ṣàngó) e Ifá, os deuses que governavam o mundo, decidiram que já que esse homem havia se tornado um feiticeiro tão poderoso, ele deveria oferecer uma grande festa aos deuses. Mas acontece que estes já não aguentavam mais comida crua e fria; dessa vez, queriam algo diferente: comida quente e cozida.

    Havia apenas um problema: o ser humano ainda não havia descoberto fogo, que dirá ter aprendido a cozinhar – pois isso aconteceu há muito tempo. Ao se deparar com tal dificuldade, o homem seguiu até uma encruzilhada e pediu ajuda a Exu. Lá ficou por três dias e três noites até que ouviu as árvores rindo dele. Esse feiticeiro não gostou nem um pouco daquilo, então invocou Xangô para que lançasse raios sobre as árvores. Ele foi ouvido.

    A descarga elétrica dos raios de Xangô foi tamanha que as árvores pegaram fogo, e pedaços de galhos caíram ao chão, queimando até ficarem apenas as brasas. O homem, então, decidiu juntar essas brasas e cobrir com gravetos e tapar com terra. Depois de um tempo, ele notou que lasquinhas pretas foram formadas. Ao descobrir esse novo componente, o carvão, ele tentou algo novo: refez o que agora a gente sabe que se chama fogueira, e usou as brasas que restavam para acendê-la. Foi com a ajuda de Xangô que esse feiticeiro descobriu como fazer fogo e, assim, cumprir o desejo dos deuses.

Xangô é o Orixá associado ao fogo e ao trovão, foi o quarto governador do estado de Oyó e se destacou por ter feito um governo extremamente estruturado. Seu reinado prosperou bastante através das esculturas e da madeira. E, do ponto de vista espiritual, era também conhecido por suas decisões sábias. Além disso, Oyó tornou-se célebre por ter criado um comércio poderoso, e, também, por ter sido alvo de muita violência.

Parafraseando Frisvold,[25] "em Xangô encontramos um homem nascido em memória ancestral que se eleva em divindade". Podemos dizer que ele é um ótimo exemplo do surgimento da política humana no Àiyé. Por ser relâmpago, tem consciência da sua divindade. Por ser fogo, a partir da sua presença desenvolve sua condição humana nos meios que habita.

O relâmpago é o símbolo da língua desse Orixá, é o que distingue a verdade da mentira. Essa língua permite que Xangô viva em ambos os lados da realidade: a verdade e a mentira. Ele é um Orixá de opostos; é representado como honesto e desonesto, avarento e generoso, bondoso e cruel. A sua luta pelo equilíbrio entre essas dualidades é representada pelo seu machado de corte duplo, o Oxé.

Embora Xangô tenha trazido muita prosperidade, equanimidade e abundância, também enfrentou desgraças e mazelas que, de alguma forma, alcançaram seu rastro. O ego e a prepotência fizeram Xangô ter diversas demonstrações de poder violento e depravação no final do seu reinado.

Sempre que leio sobre essa persona contraditória de Xangô, lembro muito de Exu. Isso porque a vivência, os estudos e a outorga de ser um iniciado me mostram claramente que Exu é contradição. De um lado há a autoconfiança por ser extremamente bom no que faz (e saber disso); do outro, o cuidado para não se perder justamente por conta dessa mesma autoconfiança. E isso só me reforça algo que é interessante a gente manter em mente quando se trata da relação com a natureza: o equilíbrio.

Certamente não existe, entre as forças humanas, uma energia tão poderosa e capaz de movimentar axé quanto a autoconfiança. Preferimos ignorar o modo como essa energia age em nossa vida, transformando-a em uma pedra no caminho, em vez de entender como ela tem o potencial de nos ajudar a dar passos firmes rumo à execução do nosso propósito.

Quer ver como isso funciona no cotidiano? Vamos supor que você abra um negócio e não tenha plena confiança no seu produto. Sabe o que acontece quando você aborda um cliente e não transmite a segurança necessária? Ele sente a sua falta de confiança, e dificilmente compra algo de você. Agora pegue isso e leve para todas as áreas da sua vida. Sem autoconfiança, você não vende absolutamente nada pelo simples fato de que venda é energia. Energia de confiança.

Durante toda a minha vida trabalhando com marketing e vendas, sempre tive bons resultados. Sabe por quê? Porque as pessoas com quem cruzo têm uma predisposição a confiar no que eu falo. Hoje em dia, com muito estudo e clareza, sei a raiz disso. É *conhecimento* e, por consequência, *confiança*.

Sempre fui aquele vendedor que procurava estudar e entender tudo sobre o produto que estava vendendo; isso me fazia não passar vergonha quando alguém me perguntava algo. Agir assim me deixava emocionalmente bem (às vezes, eu me pego pensando que meu ego já me ajudou bastante), então, com o tempo, fui decodificando que o segredo para eu vender mais era conhecer mais para que as pessoas confiassem em mim. Nesse jogo, eu tinha que estar à frente delas. Olhando para trás, vejo o quanto Exu, desde cedo, já guiava boa parte da minha forma de ser e estar no mundo.

E não é nenhuma coincidência, já que sou filho carnal de um homem de Xangô. Desde cedo aprendi em casa que estudar, ter conhecimento e influência eram ferramentas necessárias para avançar na vida, o que meu pai até hoje reforça em mim e na minha irmã. Por isso que é sempre bom seguir à risca as palavras do Bàbá King: "*Os deuses* (referindo-se aos Orixás) *estão ao nosso lado através dos homens. Saibamos percebê-los*".

Seu Orì é capaz de te fazer alcançar qualquer objetivo, desde que você acredite que é capaz.

Venho aprendendo nesta jornada com Orixá que o sucesso, seja lá no que for, vai depender unicamente de mim mesmo. Obviamente é necessária a ajuda de outras pessoas (daí o sentido de comunidade), e aqui entra algo bem interessante quanto ao seu propósito de atingir o coletivo: se você não tiver a autoconfiança necessária para contagiar as pessoas, não terá a ajuda de que precisa para que ele aconteça. Perceba que, de um jeito ou de outro, a responsabilidade de criar condições de expandir essa autoconfiança é sua, do seu Orì.

Vou voltar lá ao exemplo dos nossos personagens queridos: Ben e Jalil.

Ben vive uma vida de pleno sucesso e abundância, e Jalil continua não indo a lugar nenhum. Se você analisar a trajetória desses dois personagens, verá que o que os separa é a autoconfiança. Talvez, ao voltar lá no capítulo sobre Ogum, em que começo contando a história deles, você se pergunte: Mas o que separava um do outro não era o propósito? E é isso mesmo! Uma pessoa sem autoconfiança não tem um propósito. Ela precisa dessa energia para fazer aquilo que sabe que tem que fazer. Sem essa força interna, o propósito morre.

O Orì que avança na vida acredita nele mesmo, e isso é completado com ações, atitudes e energia a tal ponto que as pessoas ao redor não conseguem duvidar que esse Orì realmente é capaz de alcançar seus objetivos. A autoconfiança do Orì que acredita em si mesmo é contagiosa, persuasiva e, por isso, conecta pessoas.

Já do outro lado temos a pessoa que não avança na vida. E ela claramente expressa isso pela emoção no olhar, pela postura do corpo, pela incerteza nas palavras, pelas ideias que mudam o tempo todo. Pessoas confusas não exalam confiança porque, antes de tudo, não confiam em si mesmas.

Com Xangô podemos aprender muito sobre autoconfiança. É um exemplo do que o excesso de fogo, de energia, pode fazer quando combinado com o poder político de conectar pessoas: a construção de um império. <u>Xangô nos traz a mensagem de que podemos ter abundância e prosperidade se tomarmos a coroa do nosso destino, se confiarmos na nossa capacidade de amar e mudar as coisas.</u>

Qualquer um pode começar, mas é só quem acredita em si mesmo que termina

Escrever este capítulo tem sido bem curativo para mim porque já fui essa pessoa que não acreditava em mim e, consequentemente, começava muitas coisas que não terminava. Com o tempo, fui aprendendo que se eu quisesse mesmo alcançar coisas maiores, superar desafios e entender o que tinha de melhor e desenvolver isso, precisaria assumir 100% da responsabilidade pela minha vida. Não havia outro caminho.

Orixá nos convida a sermos protagonistas, autores da nossa história. Reis e rainhas em nosso micromundo. Porém, não é tão simples assumir as rédeas da própria vida. Primeiro, porque vivemos em uma cultura que nos ensina desde cedo a culpar o outro ou uma situação qualquer por nossos problemas e reveses. Segundo, porque demoramos a entender que tudo na vida tem um preço, e não é possível conseguir nada de graça. Tudo requer esforço espiritual, mental, físico, financeiro e social, e esses preços costumam ser altos.

Quando negamos nossa responsabilidade, quando culpamos Deus, Diabo, Orixá, entidade, governo ou quem quer que seja, colocamo-nos em situação de vítima e, assim, renunciamos o controle da nossa vida. Em vez de desenvolvermos a confiança necessária para avançar, nós nos acomodamos na energia de autodepreciação, de reclamação, de comparação e de crítica.

Se você me acompanha há algum tempo, sabe que sempre repito isso e, caso contrário, espero que você que está me lendo reflita sobre estas palavras: *Se você não acredita que tem controle de tudo o que acontece com você, então esse controle está na mão de outra pessoa. E se ele está na mão de outra pessoa, você está direcionando sua vida como um boneco que se movimenta de acordo com os desejos de outrem. Você não tem escolha de nada. Você está em modo automático.*

De nada adianta cultuar Orixá e ter um propósito claro em mente se as suas atitudes dependem de outra pessoa. A consequência disso é você nunca conseguir realizar nada por conta própria. E neste momento, como alguém que durante oito anos observou pessoas em terreiros de Umbanda e Candomblé e viu essa realidade se repetir incansavelmente, estou tocando nessa ferida.

O colonialismo que infelizmente ainda sobrevive nos terreiros do país condiciona pessoas todos os dias a conduzirem a vida de acordo com a vontade de quem as lidera. Quando isso acontece, há poucas coisas que se pode fazer além de torcer para que a pessoa que esteja no controle seja legal com você, e isso é muito frustrante. Não existe nada pior para um ser humano do que depender da benevolência de outra pessoa. Não há sentido numa vida assim.

E essa dependência que ocorre dentro das vivências em casas de axé é mais comum do que se imagina. Corriqueiramente, vemos pessoas talentosas, com habilidades extraordinárias, sendo podadas de se desenvolverem e, o pior, sendo mantidas sob o cabresto de um falso sagrado que mais prende do que liberta. Em vez de exercerem autoconfiança, força e ação, elas vivem frustradas, desanimadas, impotentes.

Toda vez que você pensa ou diz "não faço isso porque não sei se meu pai/mãe de santo vai gostar", na verdade está dizendo para o seu Orì que o seu estado emocional, o responsável que vai determinar se você ficará bem ou mal, é o outro. Quando você diz que não tem tempo para fazer o que gosta, está dizendo para o seu Orì que não tem controle sobre o próprio tempo, que são as circunstâncias que determinam se você fará algo ou não.

DE NADA ADIANTA CULTUAR ORIXÁ E TER UM PROPÓSITO CLARO EM MENTE SE AS SUAS ATITUDES DEPENDEM DE OUTRA PESSOA.

É necessário desde já dizer para si mesmo que você é escravo de escolhas erradas, e se hoje você se encontra "pagando" por esses erros, essa situação é temporária e agora sabe que precisa sair dela porque ela te prejudica.

Quando você abre mão de trabalhar no que ama e se submete a um emprego que não te traz nenhuma realização, mas te oferece segurança, você está dizendo para o seu Orì que abre mão da felicidade, da liberdade. Quando você diz que não sabe quais são os seus talentos e não move uma palha para identificá-los, está dizendo para seu Orì que a preguiça e a ignorância te dominam.

Todas essas situações são exemplos de que você talvez seja dependente e que não tem controle nenhum sobre si mesmo. E pode ser esse o motivo da sua frustração, da sua insatisfação, do seu estresse. Falta sentido para a sua vida. E, para ir em busca desse sentido, você deve começar a desenvolver urgentemente a sua autoconfiança.

A causa do fracasso se chama falta de fé em si mesmo

Você pode encarar este livro como preferir: autoajuda, desenvolvimento pessoal, religiosidade, mas devo frisar que eu jamais escreveria sobre assuntos que, de certa forma, são tão sensíveis e delicados se não tivesse confiança em mim mesmo e no quanto este livro vai ajudar muita gente a virar a chave na própria vida. Meu objetivo aqui é que seu Orì desperte para enxergar Orixá além do óbvio que te foi ensinado. Um pouco longe até dos barracões, das oferendas e das rezas que fazemos toda manhã, Orixá está em tudo, em todos os detalhes, em cada segundo do seu dia. Enxergar isso ajuda a usar o axé deles do jeito mais proveitoso possível.

A autoconfiança, como todo axé, não é só pensamento ou atitudes positivos perante a vida. Usar roupa branca toda sexta-feira, entoar os cânticos de Oxalá e levar comida para pessoas carentes acreditando que isso fará de você uma pessoa plena e próspera tem seu valor, mas não é autoconfiança. Do mesmo modo que sorrir quando o mundo está se acabando e ter pensamento positivo o tempo todo não quer dizer que você tenha confiança em si mesmo.

A confiança em nós mesmos é um sentimento profundo que surge da maneira como vemos o que há à nossa volta, e isso não tem a ver com o sentido da visão, e sim com o da percepção, da compreensão e da interpretação.

Quando me perguntam qual foi a principal mudança que adquiri ao me iniciar para Exu, eu sempre respondo: a autoconfiança. De fato, é um sentimento de poder, de que agora consigo realizar qualquer coisa porque tenho tudo de que preciso. E esse sentimento de "agora vai" vem do modo como enxergo o que há ao meu redor, como percebo as conexões que são feitas, os lugares em que estou e a maneira como interpreto essas conexões.

Você não está aqui à toa. Não adquiriu este livro em vão. Como enxerga a inserção desta leitura em sua vida? Como percebe as pessoas que estão em volta desta leitura? Os amigos que estão lendo com você, o autor, os comentários que está vendo na internet sobre ela? Como interpreta as mensagens de Exu através dessas conexões? São essas respostas que darão a você a autoconfiança necessária para que saiba que não chegou aqui por acaso. De alguma forma, seu Orì criou isso.

Em suas andanças pelo mundo, Xangô chegou à terra dos malês. Ele bateu na porta do palácio deles e não foi atendido.

Ao derrubar a porta e entrar, não recebeu atenção, o que despertou a sua fúria. Isso o fez partir prometendo voltar, e que, então, os malês se curvariam a ele. Perceba que Xangô cocriou que esse momento aconteceria.

Feito isso, ele foi até Oyá, que, seduzida por sua bravura e coragem, decidiu ajudá-lo, partindo com ele rumo à terra dos malês. Chegando lá, encontraram todos do mesmo jeito. Os malês, entretidos em suas orações, se assustaram com as faíscas lançadas por Xangô e o relâmpago lançado por Oyá. Foi desse modo que Xangô, conforme havia dito, conquistou a terra dos malês.

Autoconfiança é ter uma convicção segura de que é possível agir sobre as circunstâncias e, muitas vezes, fazer delas nossas aliadas. É ter a certeza de que a escolha final é nossa, e que sempre podemos fazê-la desde que sejamos os maiores beneficiados. As convicções de Xangô nessa passagem definiram a forma como ele se relaciona consigo mesmo e com as pessoas à volta. Oyá, seduzida pela autoconfiança de Xangô, o ajudou a conquistar o que queria. *Esse é o poder da autoconfiança: conseguir aliados para cumprir o nosso propósito, o nosso objetivo.*

Se quisermos mudar a nossa realidade, devemos, primeiro, mudar a percepção que temos das coisas, e isso começa por nós. Estarmos conscientes de que temos esse poder (de amar e mudar as coisas) nos dá uma autoconfiança absurda.

Nossa forma de pensar cria nossas atitudes, o que, por sua vez, leva a resultados. E tudo isso são apenas as consequências de como nos enxergamos e nos percebemos. Por isso, comece agora mesmo a se perceber e comunicar coisas positivas sobre você a si mesmo. O resultado tem tudo para ser um sucesso daqueles.

Exu nos ensina a desenvolver axé pessoal e influência quando voltamos energia para nós mesmos

Há um *itan* que conta que haveria uma festa para comemorar o *ajo* (aniversário) de Yemanjá, e todos os Orixás foram convocados, e deveriam levar um presente para ela. Xangô, extremamente desorganizado, não preparou nada. Exu, por conhecê-la bem, providenciou uma cesta com inhames e sabia que a agradaria.

Xangô, que continuava sem nenhum presente, passou e viu os inhames que Exu preparara para levar, e os pediu. Exu negou, mas, por fim, propôs uma troca: ele daria os inhames a Xangô desde que Xangô o deixasse se sentar primeiro à mesa na festa. Xangô aceitou o acordo.

Yemanjá recebeu os presentes de Xangô e declarou que aquele era o melhor de todos até então. Quando os Orixás foram chegando, Exu, sem receio algum, sentou-se à mesa. Yemanjá, assustada, abordou Exu e pediu para que ele se retirasse. Exu disse que não. E explicou que não sairia dali, pois havia feito um acordo com Xangô de que lhe entregaria os inhames, desde que ele, Exu, fosse o primeiro a comer.

Yemanjá mandou chamar Xangô, e o Obá pediu que Exu se retirasse, que não imaginava que Exu levaria o acordo tão a sério. Exu, porém, disse que um rei não volta atrás em sua palavra. Com isso, Yemanjá acatou e deixou que ele permanecesse e comesse primeiro que todo mundo.

A influência que conseguimos exercer sobre as pessoas mostra, acima de tudo, que o axé pessoal vem antes do axé coletivo. É perda de tempo tentar produzir confiança nas pessoas se nós mesmos não tivermos esse poder alinhando nosso comportamento, atitude e valores com uma virtude que está presente no axé de Exu: a responsabilidade sobre a própria vida. Adquirimos influência sobre os demais quando temos autoconfiança em quem somos.

Nessa passagem, Exu conseguiu persuadir e influenciar Yemanjá, usando seus dons naturais como: consciência (quando propôs a troca justa a Xangô), visualização (quando enxergou que queria se sentar primeiro à mesa) e ação (quando deixou claro, através da palavra, que o acordo feito deveria ser cumprido). Quando tomamos consciência de que temos controle sobre as circunstâncias, nossa consciência naturalmente nos dá poder de criar outras circunstâncias que atendam aos nossos desejos.

Se pararmos para analisar, todas as nossas ações sempre estão em dois lugares: nas preocupações ou na influência. Pessoas dependentes estão sempre preocupadas. Elas sentem o problema e se submetem às suas preocupações. Xangô, por estar dependente (nessa situação específica), teve que se submeter às suas preocupações, o que o forçou a aceitar o acordo de Exu.

Por outro lado, quando assumimos a responsabilidade pela nossa vida, quando tomamos esse lugar de Exu para a gente, nunca mais assumiremos o lugar de preocupação, e sim o da influência. O terreno da preocupação contínua está fora do nosso alcance, pois o foco sempre está em outra coisa. Já o da influência é diferente: ele está dentro de nós.

Quando colocamos nossa atenção em nós mesmos, mudando nossa forma de nos enxergar e, também, o nosso comportamento frente ao que acreditamos sobre nós mesmos, expandimos nosso campo de influência e nosso axé pessoal. O resultado disso é o aumento da segurança, do conforto e da autoconfiança.

MÃO NO EBÓ

Tem um exercício que ensino para os meus alunos e que ajuda muito a aumentar a autoconfiança. Como a palavra é axé de Exu, você só precisa exercitar os passos que te ensinarei aqui para aumentar a influência (consciência, visualização e ação). Veja só como é simples!

1. Separe um momento do seu dia (pode ser ao acordar, por exemplo) para rezar para Exu. Ao fazer isso, peça que ele te traga clareza sobre quem você é.
2. Depois isso, comece a se observar e falar, em voz alta, coisas boas sobre você. Se elogie. Por exemplo: "Eu sou bonito", "Eu sou bom nisso", "Eu faço um prato de comida como ninguém". Comece a observar coisas boas sobre você e verbalize-as.
3. Repita esse exercício todos os dias.

Com o tempo você vai começar a tomar uma consciência diferente de si mesmo, pois verbalizará coisas em que talvez antes não prestasse atenção, e verá sua autoconfiança chegar lá no alto.

Te desejo um bom reinado!
Que Exu não te manipule!

capítulo seis

EXU E OBÁ: SEJA LÍDER DE SI MESMO

Confesso que tive *muita* dificuldade de encontrar um *itan* de Obá, a deusa das águas revoltas, para seguir o que me propus a fazer neste livro. Isso porque eu não queria, pela milésima vez, reduzi-la ao episódio em que ela dá a orelha por amor a Xangô. Essa história vendeu uma imagem de Obá como se ela fosse uma mulher boba, frágil e ciumenta, o que está longe de ser o caso. Se você é "da macumba", certamente está cansado de ouvir essa história. Caso não seja, vou contar tudo aqui rapidinho para você.

Obá era uma das três mulheres do rei Xangô e queria entender o que precisava fazer para ser mais bem-vista perante o rei, uma vez que quem roubava a cena e os holofotes era Oxum, a outra esposa. Assim, ela foi procurar Oxum para pedir conselhos do que poderia fazer para alçar os olhares de Xangô.

Oxum disse que Xangô amava uma comida bem-feita, preparada com orelhas humanas. Para conseguir enganar Obá, ela escondeu as orelhas com um lenço de cabeça e colocou cogumelos parecidos com orelhas na panela. Obá, que tanto queria a atenção do seu homem, caiu no conto: cortou uma de suas orelhas e preparou a iguaria para Xangô. Quando ele pegou o prato e percebeu o que havia ali, achou repugnante e repreendeu Obá. A guerreira que veste laranja ficou furiosa e partiu para cima de Oxum.

É a partir dessa história que se conta como surgiram o rio Oxum, que fica no sudoeste da Nigéria, e o rio Obá, que fica nos estados de Oyó e Oxum (e é o principal afluente do rio Oxum), bem como o início da rivalidade entre essas duas Orixás que, infelizmente, é alimentada até os dias de hoje.

Quando tracei o plano de escrever sobre Obá, deixei claro para mim que queria falar de outra faceta dela, uma que é pouco abordada e que mostra quem ela realmente é: a grande chefe e fundadora da Sociedade Ẹlẹ́kò, importante sociedade feminina representada por mulheres valentes e aguerridas, uma alusão direta ao imaginário (e real) da mulher forte.

A mitologia iorubá fala de três importantes sociedades femininas que tratam das questões comerciais e sociais das mulheres africanas e que ajudam na compreensão do mundo a partir da óptica dessa cultura: a *Sociedade Ìyálóòde*, a *Sociedade Gẹ̀lẹ̀dẹ̀* e a *Sociedade Ẹlẹ́kò*. Esta era composta por mulheres que não podiam ocupar espaço político e de hierarquia social (diferentemente da sociedade Ìyálóòde).[26]

Nas demais sociedades africanas, a mulher conseguia o que queria através do charme, da sedução e da boa comunicação; já em *Ẹlẹ́kò*, elas conquistavam o que queriam através de estratégia, força física e ferocidade. Nessa sociedade, mesmo tendo homens como companheiros, elas não admitiam ser dominadas e comandadas por eles.

É importante deixar claro que Obá é tida como uma das mulheres mais experientes do panteão africano, pois tem maturidade emocional e é uma líder nata. Porém, para se tornar uma líder eficiente e combativa, ela precisou, antes de tudo, acreditar em si mesma.

A liderança que Obá exercia sobre Ẹlẹ́kò a aproximava bastante das *Ìyámi Osorongá*, e fez dela um dos principais Orixás no culto de Gẹ̀lẹ̀dẹ̀. As mais diversas literaturas mostram que o fato de tomar iniciativa em tudo que fazia foi a base sólida pela qual Obá construiu sua liderança.

Iniciativa é o axé que faz a gente fazer o que deve ser feito antes que nos digam o que fazer

Eu acredito de verdade que os Orixás construíram legados extraordinários porque o axé da iniciativa andava com eles. Todos, sem exceção.

Quando paramos para pensar em iniciativa, classificamos as pessoas em:

- As que agem sem que alguém lhes diga o que têm que fazer;
- As que agem quando alguém lhes diz o que têm que fazer;
- As que agem quando a necessidade as força a fazer o que deve ser feito;
- As que não agem em nenhuma circunstância.

Aí vem aquela pergunta que eu adoro fazer: em qual desses perfis você se encaixa?

Um mito também bastante conhecido conta que Obá era casada com Ogum e ambos guerreavam juntos. Nessa passagem fica bem claro que os conflitos que existiam entre os dois vinham da iniciativa de Obá de tomar a frente para realizar as coisas.

A liderança só é encontrada em pessoas que têm iniciativa. Ela não é imposta nem surge do nada; é criada, desenvolvida. E só se cria liderança quando se desenvolve o hábito da iniciativa.

Sabe os nossos queridos Ben e Jalil? Lá no Capítulo 3, eu falei que o que mudou a realidade de um deles foi ter o propósito bem claro. Pois bem, aqui entramos em outra nuance que conecta essas duas coisas: pessoas sem propósito não têm iniciativa (ironicamente o capítulo em que falo de propósito é sobre Ogum) e se não existe iniciativa, não há liderança.

Precisamos de iniciativa para termos um propósito. Precisamos de iniciativa para fazer as pessoas comprarem nossas ideias. Precisamos de iniciativa para mover pessoas em prol de uma causa social. Enfim... precisamos de iniciativa para adotar hábitos saudáveis, para ter uma vida memorável.

Somente quando tivermos iniciativa para desenvolver liderança, somente quando tivermos assumido o controle de nós mesmos, é que conseguiremos liderar outras pessoas. Foi assim que Obá criou, cresceu e manteve a sociedade Ẹlẹ́kò: liderando a si mesma para, então, liderar as demais.

Exu não tem cabeça para carregar problemas

Essa frase é bastante conhecida por todos nós, e representa exatamente o que estamos tratando aqui: a iniciativa que leva à liderança. Exu não pensa em problemas, ele se concentra nas soluções. Por isso, ele é tido como o líder dos Orixás: sua capacidade de conectar tantos polos, de resolver problemas, de tomar iniciativa.

Venho aprendendo na vivência com Exu que para desenvolver iniciativa é preciso fazer algumas coisas básicas. Vamos a elas?

1. **Virar inimigo da procrastinação**: sei que eu, você e todo mundo sabemos que a procrastinação é um vilão e, ainda assim, a normalizamos, e muitas vezes deixamos que essa energia nos domine. Eu já fui muito procrastinador, era do tipo que adiava tudo que podia. Atualmente, vejo quanto tempo de vida perdi e quantas coisas poderiam já estar acontecendo se eu não tivesse protelado tanto. Hoje, sabendo que Exu é a solução, a procrastinação, ainda que exista, não me domina mais.

2. **Treinar o músculo da iniciativa toda hora**: como tudo é questão de hábito, com a iniciativa não é diferente. Então, não importa o que nem como, a ideia é praticar iniciativa o tempo todo. Fazer o melhor que puder (desde as coisas mais simples às mais complexas) e esperar um resultado justo. Essa postura nos faz desenvolver um espírito de liderança forte e agressivo.

3. **Estimular outras pessoas a tomarem iniciativa**: tenho aprendido que "a gente se cura curando o outro", e essa máxima vale para absolutamente tudo. A melhor forma de desenvolver iniciativa é estimulá-la nas pessoas.

Quando comecei a estudar sobre Exu e as dinâmicas dele no dia a dia, mergulhei (e ainda mergulho) nesse conhecimento, e estou sempre pensando: *As pessoas precisam conhecer e saber disso*. O resultado? Bem, você está lendo este livro agora, e ele é basicamente um compilado de tudo o que eu falo na internet.

Então é mais ou menos assim: Quer desenvolver iniciativa? Fale disso com as pessoas ao seu redor; encoraje-as a tomarem iniciativa também. Quando faz isso, você diz para o seu Orì que você é uma pessoa com iniciativa e, naturalmente, isso vai se tornando uma parte sua.

Tem um ditado quase desconhecido (risos) que diz o seguinte: "Tudo o que vai, volta". Ou seja, atraímos para o nosso caráter e personalidade as características que ajudamos a desenvolver nos outros. Assim como Obá, se você pratica o hábito da iniciativa, que é um axé fundamental para a liderança, e a estimula nas pessoas (como ela fazia com as demais caçadoras), você automaticamente já é um líder.

Disputas, ciúmes, inveja e despeito são sentimentos comuns das pessoas que convivem ao redor de um líder

Para qualquer pessoa que se destaca em qualquer coisa na vida, tanto a recompensa quanto o preço a ser pago sempre serão equivalentes. O bônus é o reconhecimento e a satisfação pessoal, e o ônus é a inveja e a retaliação.

Quando os seus feitos se tornarem modelo para outras pessoas, você também se tornará alvo de críticas e inveja.

Em contrapartida, se o que faz for medíocre, ninguém mexerá com você. Você ficará em paz no seu canto, mas correrá o risco de viver frustrado. E a sensação de que poderia estar vivendo de outra forma não vai te abandonar.

Obá era criticada por homens, muitos afirmavam que ela era feia, velha e desinteressante. Já para as mulheres ela era inspiração devido à sua força, coragem e capacidade de fazer acontecer.

A maioria das pessoas não tem perfil de liderança; por consequência, não consegue superar as que o têm, por isso as ataca. Porém, saiba que chega determinado momento da jornada em que você entende que a crítica dos oponentes é só um parâmetro de que você realmente está exercendo sua liderança do jeito que deve ser. Perceba: o líder sempre será atacado justamente por ser líder. E o esforço das pessoas para rebaixá-lo nada mais é que uma prova de que ele é o primeiro em alguma coisa.

Talvez você se faça estas perguntas que eu me fiz durante muitos anos: "Por que as pessoas sentem inveja? Por que elas atacam outras pessoas?". É simples! Porque lhes falta iniciativa. *Grosso modo*, falta exercerem liderança sobre elas mesmas. Sem iniciativa (e aqui também entra a liderança das emoções), você jamais liderará outras pessoas.

Exu e Obá: tudo depende de coragem

É inevitável falar de Exu e Obá sem associá-los à coragem. Uma coragem que vai além do nível físico, alcançando o nível moral/espiritual. No âmbito físico, a nossa coragem vira bravura: não reconhecemos suficientemente o perigo, por isso não nos sentimos ameaçados, não temos medo.

No âmbito moral, a coragem atinge um patamar espiritual. Mesmo que reconheçamos cada detalhe do perigo, seguimos de cabeça erguida. Por isso é correto afirmar que partindo das vivências desses dois Orixás, além de bravura, você precisa ter coragem moral.

Enquanto escrevo isto, me lembrei de um episódio que vivenciei com Exu, o qual me permito compartilhar aqui.

Certa vez (eu adoro contar essa história), fui despachar, como de costume, uma oferenda para Exu em uma encruzilhada perto de minha casa. Era por volta de meia-noite e a rua estava completamente deserta. No percurso de volta para casa, e chegando a uma outra encruzilhada, eu tinha duas opções: seguir pelo caminho mais curto, que estava um pouco escuro, ou ir pelo que era um pouco mais distante, que estava totalmente iluminado e só se via um cachorro de rua comendo restos no canteiro. Prontamente, escolhi o caminho mais claro, porém mais longo, por motivos de "não sei".

Ao avançar pela rua e passar pelo cachorro que tranquilamente comia na lata de lixo, eis a surpresa: um outro cachorro, que estava preso em uma das casas ao redor, ao ver um sujeito de roupa preta no meio da madrugada começou a latir sem parar. Estava claro que ele se sentia ameaçado.

O cachorro calmo e tranquilo que comia da lata de lixo, em fração de segundos, olhou para mim com raiva e avançou para me atacar. Foi uma das situações de perigo mais marcantes que já vivi até hoje. Os olhos daquele cachorro bradavam ódio. Ele era um desses cachorros grandes; se ele me atacasse, eu teria sérios problemas.

Ao entender o que estava acontecendo, simplesmente catei uma pedra no chão e, andando de costas, sem demonstrar que estava sentindo muito medo, eu apenas gritava: "Laroyé Exu, Laroyé Exu". A cada palavra minha, o cachorro avançava e recuava. Estava na cara que aquele cachorro não queria e nem iria me atacar. Ele só queria me colocar medo.

Apesar do cenário totalmente desfavorável, encarei a situação. Eu só conseguia pensar que estava no meio de um rito para Exu, que não tinha como me acontecer algo de ruim. Seria contraditório. E isso é coragem moral. Perceba que ela atinge um nível espiritual: mesmo correndo risco, enfrentei a situação porque sabia que os deuses não me deixariam só. Eles nunca me deixaram em situações mais tensas, imagina se me deixariam nessa!

E foi assim que Exu me ensinou de uma forma um tanto controversa a enfrentar meus medos, confiando que ele sempre estará comigo. Isso virou uma chave absurda em meu Orì, e eu nunca mais fui o mesmo.

Não é fácil desenvolver a coragem moral que atinge o nível espiritual da coisa. Ter coragem a esse ponto requer caráter firme, intenção sincera e foco no que realmente se quer. Coragem moral exige que você "assuma o seu B.O.", que se responsabilize por tudo que fizer, mesmo que a consequência não seja das melhores. É não ter medinho.

E, quando falo de coragem, não posso deixar de citar o ato de Obá ter cortado a orelha para "agradar" Xangô. As pessoas só fazem a leitura da mulher apaixonada que queria o homem a todo custo, mas a maior lição, e talvez a que mais represente Obá, é que, *independentemente do cenário, você deve ser corajoso*.

Obá foi corajosa ao perder uma parte do seu corpo. Obá foi corajosa ao perder uma parte do seu corpo por amor a outra pessoa. Obá foi corajosa ao ser ela mesma. Ao amar e entregar-se por essa paixão.

Quantos de nós não deveríamos ser um pouquinho mais de Obá? Perder a orelha deveria ser uma espécie de jargão para definir uma pessoa corajosa. "Fulana perde a orelha de tão corajosa que é!"

Esta é Obá: aquela que possui bravura e coragem acima da média, em uma potência espiritual.

capítulo sete

EXU E ORÍ: O PODER DE IMAGINAR E CRIAR

Um mito[27] conta que, certa vez, Ọrúnmìlà-Ifá estava perdido em pensamentos quando, de repente, sentiu olhos em si, e que quem o observava eram a Morte, a Doença, a Perda, a Paralisia e a Fraqueza. E ele as ouviu rir sem nenhum pudor e falar: "Um dia a gente pega esse aí", e o tempo todo elas pulavam e faziam gestos obscenos, zombando e jurando que, um dia, ele seria sua vítima. Assustado, Ọrúnmìlà-Ifá voltou para casa.

Ao chegar lá, foi consultar o seu Orì, pois somente ele poderia salvá-lo. Orì avisou que o salvaria da Morte, da Doença, da Perda, da Paralisia e da Fraqueza. Para isso, Ọrúnmìlà-Ifá precisava fazer Borì, e foi o que ele fez. Orì aceitou as oferendas, ficou forte e expulsou as energias que ameaçavam Ọrúnmìlà-Ifá.

Orì é o ponto de partida da compreensão do universo dos Orixás. É o nosso Orixá individual, aquele que habita em todos nós.

É através, por causa e graças a Orì que nos conectamos aos Orixás, aos nossos ancestrais e às forças da natureza. Ele funciona como um DNA espiritual determinando o que cada um de nós será nessa existência terrena. Orì é único. Não existem duas pessoas com o mesmo Orì. Para uma melhor compreensão, vamos prestar atenção aos nomes que Orì recebe:[28]

- *Atèlé Ẹlẹ́dàá*: aquele que segue o ser humano e jamais o abandona;
- *Àyànmọ*: caminho de vida designado por Olódùmarè;
- *Ẹlẹ́dà*: criador do ser humano e de tudo o que acontece em sua vida.

Observe que todos esses nomes remetem a coisas essenciais na vida do ser humano: lealdade, direção e criatividade. Ao passo que Orì é leal a nós, ele nos direciona e cria a nossa realidade. Tudo o que você é hoje, as escolhas que fez e faz e a vida que tem são graças ao seu Orì.

Orì se divide em dois conceitos:

- *Orì Òdẹ*, que é a nossa cabeça física e transmite ao mundo o que reverbera em *Orì Inú*;
- *Orì Inú*, a nossa cabeça espiritual, também chamada de interior ou consciência. É através dele que somos definidos em caráter, essência e personalidade.

Todos os dias, devemos cultuar Orì com o objetivo de sincronizar o que há de divino em nossa essência com a nossa vida cotidiana. Assim, poderemos ter pensamentos frutíferos que criem realidades extraordinárias.

TODOS OS DIAS, DEVEMOS CULTUAR ORÌ COM O OBJETIVO DE SINCRONIZAR O QUE HÁ DE DIVINO EM NOSSA ESSÊNCIA

COM A NOSSA VIDA COTIDIANA. ASSIM, PODEREMOS TER PENSAMENTOS FRUTÍFEROS QUE CRIEM REALIDADES EXTRAORDINÁRIAS.

Primeiro Orì pensa, depois organiza os pensamentos e, por último, transforma em realidade

Assim como o grão de feijão se origina do germe que habita seu interior, nossas conquistas também são resultado de tudo que criamos em nossa mente, que, aqui neste contexto, chamarei de Orì.

O poder de imaginar é uma das poucas coisas na vida sobre as quais temos controle quase absoluto. Podem tirar tudo de você, menos o direito de pensar, de imaginar, de cocriar. E o mais legal é que, do mesmo jeito que seu Orì cria sonhos, metas e até mesmo problemas, ele também cria soluções. Por isso que se repete muito que Exu não tem cabeça para carregar problemas, porque o devoto de Exu só cria soluções.

Uma vez que entendemos que temos esse poder à nossa disposição e começamos a usá-lo em nosso benefício, estamos a um passo de nos libertar da pobreza espiritual e realizar tudo aquilo que sempre sonhamos.

Lembro que há muitos anos, quando eu soube da existência do Culto Tradicional Iorubá, conheci, por um vídeo, o meu (hoje, posso bradar aos quatro cantos: obrigado, Orixá) Bàbá, o Professor King. As palavras daquele homem me atravessaram de uma forma tão profunda que, em uma fração de segundos, pensei e verbalizei: "Um dia serei filho espiritual desse homem". Passei a acompanhá-lo de longe, comprei cursos, livros e meu Orì sempre imaginava que um dia eu estaria no Oduduwa. Eu conseguia imaginar perfeitamente cada detalhe, cada palavra que o Bàbá me diria, como ele olharia pra mim.

Passaram-se alguns anos e, quando pisquei, estava sentado em uma roda de pessoas com o Bàbá King do meu lado, colocando a mão no meu ombro e dando uma palestra sobre Ifá e o destino. Naquele instante, eu conheci o poder que Orì tem de criar as coisas e materializá-las. Foi lindo.

Desde que pisei no caminho do Oduduwa, entendi muita coisa sobre espiritualidade. Coisas que de certa forma eu sabia, mas não conseguia expressar ou decodificar. Parecia que meu Orì estava adormecido, mas, ao encontrar essas pessoas, ele se lembrou de tudo o que eu vinha aprendendo. Muito louco.

Ao chegar na cerimônia de Ifá, o Bàbá olhou para mim enquanto eu me sentava em frente ao nosso Bàbáláwo Aare e me disse: "Agradeça ao seu Orì, e ao Orì de quem te trouxe, por você ter chegado até aqui". Respirei fundo, agradeci e logo pensei: *Se isso tudo foi criado na minha mente e aconteceu, então posso criar e realizar qualquer coisa. Axé.*

Nossas conquistas nascem, antes de tudo, de um propósito bem claro em nosso Orì. Mas nunca teremos um propósito, e consequentemente sucesso, se antes não criarmos tudo em nosso Orì. Imaginar mesmo, sabe?

Eu sou muito pensante. Realmente faço jus ao ser de Obàtálá, porque minha mente cria o tempo todo; é um exercício bem natural. Se você vem me contar uma história, recrio tudo na minha mente em uma fração de segundos e, paralelamente a isso, já tenho várias ideias de como resolver o problema que você divide comigo. Hoje eu tenho consciência de que criatividade é meu maior axé pessoal.

Para existirem, todas as coisas passam por estes dois processos: a criação mental, ou seja, o imaginário; e a realização física daquilo que só existia em nosso Orì. Por isso defendo a ideia de que Exu e Orì andam, e precisam andar, colados. Pois, ao passo que Orì cria as coisas e nós damos o *start* inicial, Exu nos ajuda a realizar.

Vou trazer um exemplo bem fora da curva, mas que nos ajudará a pensar mais nesse plano da imaginação × realização: o absorvente menstrual. Já parou para se perguntar o que levou alguém a criá-lo? Quais foram as razões que a levaram a isso? Hoje em dia é inconcebível falarmos de saúde feminina sem pensar na imensa diversidade de absorventes existentes no mercado. Mas você sabe como ele surgiu?

Mary Beatrice Kenner,[29] uma mulher negra nascida no início do século 20 na Carolina do Norte, Estados Unidos, vinha de uma família de inventores: o avô materno criou o sinal de três luzes para guiar trens; a irmã, Mildred Davidson Austin Smith, patenteou o jogo de tabuleiro da família para comercializá-lo; e o pai, Sidney Nathaniel Davidson, criou um prensador para fazer caberem mais roupas nas malas.

Mesmo com todas as dificuldades enfrentadas por ser uma mulher negra, ela juntou dinheiro para bancar o sonho de sua primeira invenção e, em 1957, conseguiu patenteá-la. Essa invenção foi um cinto projetado para ser usado com os guardanapos sanitários, os predecessores dos absorventes que conhecemos hoje. O objeto reduzia muito as chances de a menstruação vazar, e as mulheres logo o adotaram.

Em entrevistas, Mary Beatrice contou que foi procurada diversas vezes por muitas empresas, mas, quando se encontravam pessoalmente e descobriam que ela era negra, elas desistiam de fechar negócio.

O que Beatrice criou foi excepcional, e, com recursos acessíveis na época, só foi necessária certa criatividade, e é aí que entra o Orì. Ela teve uma ideia e a transformou em propósito, com o Orì auxiliando no desenvolvimento de sua autoconfiança, iniciativa e liderança. Foi ele que deu asas à imaginação dela e permitiu que a ideia criasse corpo e se desenvolvesse. Por sua ancestralidade e vivência no coletivo, ela tinha a autoconfiança necessária para transformar seus planos em realidade.

Se existisse uma equação para definir como grandes ideias são transformadas em realidade, seria algo mais ou menos assim:

> Propósito + Autoconfiança + Iniciativa + Imaginação
>
> =
>
> Grandes ideias transformadas em realidade

Assim como Beatrice, certamente você já teve algum insight que o fez pensar: *Caramba, isso aqui mudaria minha vida.* Só que, ao contrário dela, não o colocou em prática por falta de iniciativa, de autoconfiança ou apoio de pessoas ao seu redor que te estimulassem a dar início à realização da sua ideia. Faltou axé. Mas eu estou aqui para te ajudar a enxergar essas falhas no caminho e não deixar mais que isso aconteça.

Oxum, Orì e o espelho: colocar em prática conhecimentos e experiências observando os outros

Ok, o capítulo é sobre Exu e Orì, mas eu senti que devia falar de Oxum. Quando tive a intuição de falar dela, não entendi muito, mas, à medida que fui organizando as ideias, me lembrei de um escrito do Bàbá King em que ele fala que Oxum foi a primeira a cuidar de Orì. E foi por isso que entendi que a passagem dela aqui agregaria demais ao capítulo.

Oxum é também conhecida em seu culto como "'*Yèyé Osùn – a wẹ idẹ wẹ ọmọ*', que significa a graciosa mãe, a que dá brilho ao idä, que dá brilho aos seres humanos através do processo de limpeza de tudo através das águas".[30]

Aprendemos no culto a Oxum que através da água lavamos o nosso Orì, assim ele conseguirá atingir um estado emocional equilibrado e sincronizado com nossas expectativas de vida, sonhos e necessidades. Por trabalhar com questões como autoconfiança, autoestima e amor-próprio, Oxum é o Orixá que nos ajuda a curar dores emocionais; e também é ela que nos dá carisma. Oxum foi a primeira divindade a cuidar do Orì do ser humano; ela é a água que nos protege quando ainda estamos no útero.

Tá, mas o que Oxum tem a ver com esse nosso assunto aqui? Você já deve ter reparado que Oxum está sempre acompanhada de um espelho, mas ele nada tem a ver com vaidade. Um dos conceitos de liderança mais apregoados na atualidade é que um bom líder tem a capacidade natural de não só ver o próprio valor, mas também o de outras pessoas. Ou seja: andar com um espelho na frente para ver quem está atrás, que é exatamente uma das funções do espelho de Oxum.

Na cosmologia iorubá, cabe falar da importância e presença de dois objetos do culto de Oxum: o Àbẹ́bẹ́ẹ́ (leque) e o espelho. O leque de Oxum é usado para promover o equilíbrio do corpo físico e, também, para atrair progresso. O espelho também é outro símbolo magístico que serve para que o devoto de Oxum possa enxergar a sua própria vida na sua própria interioridade. O espelho tem o poder de nos ajudar a saber quem somos e o que temos que fazer para enxergar a nossa absoluta verdade. Tanto o leque quanto o espelho são símbolos que têm relação com o processo de Oxum mostrar sua majestade, poder e liderança.[31]

Apesar de haver muitas histórias por aí que, ao serem contadas, fazem a gente pensar se aquilo realmente foi daquele jeito, existem algumas de que eu gosto. Como a que dá origem àquela velha frase: "Foi Exu que deu asas a Oxum", uma referência ao episódio em que ele deu a ela o poder do jogo de búzios. Quando paro para pensar nessa história, sempre me pergunto o que fez Oxum conseguir descobrir o segredo que ela tanto queria. E foi a imaginação.

Primeiro, ela definiu que queria aprender os búzios, depois se cercou de quem poderia ajudá-la (Exu). O mais engraçado é que esse *itan* conta que ela encorajava Exu a roubar o segredo e levá-lo até ela. Ou seja, ela despertava o melhor de Exu nesse contexto. Tudo isso através da sua imaginação, do seu Orì, que ela usou para ter tanta astúcia para criar isso tudo.

A imaginação não deve servir apenas para criar coisas, desenvolver projetos e alcançar nosso propósito. Ela também precisa detectar o potencial de outras pessoas, construir uma rede ao redor, treinar e desenvolver aliados. Nosso Orì deve abrir caminhos para outros Orís também crescerem, também brilharem.

Qualquer pessoa que entender o sentido do axé coletivo, como os Orixás entendiam, conhece o suficiente sobre seres humanos a ponto de saber que ninguém faz nada sozinho. E justamente para que a ajudem rumo ao seu propósito, essa pessoa consegue criar uma rede de pessoas incríveis ao seu redor. Como isso acontece? Despertando o melhor das pessoas, igual Oxum faz.

Quando treinamos nosso Orì a usar a imaginação, os erros viram fontes de axé

Meu Bàbá Henrique, um homem de Exu a quem tive muita sorte de encontrar nessa jornada, me trouxe algo que me atravessou numa profundidade tão grande que acho que nem ele faz ideia (risos).

Ele me disse o seguinte: "Não se vai até o oráculo perguntar se isso ou aquilo vai dar certo. Pergunta-se ao oráculo o que fazer para isso que você quer dar certo". Isso me deu uma injeção de autoconfiança absurda. Caramba! Então eu só precisava saber o que tinha que fazer e agir, certo? Eu precisava de iniciativa. Bingo!

O que ele disse me ajudou a entender algo muito valioso: a pessoa que sabe o que quer já está com meio caminho andado. E, se alguém sabe o que quer, acredita que é capaz de obter aquilo e coloca Orì para criar um plano viável, já era! Ninguém para essa pessoa. Se ela tiver iniciativa e liderança para executar o que o Orì dela imaginou... fim de papo. É sucesso na certa.

Definir um propósito é essencial, pois é ele que faz a gente desenvolver a imaginação e aprender a acreditar, decidir e se movimentar. A gente fica mais decidido e autoconfiante à medida que vamos treinando esse músculo. Se você toma decisões pequenas o tempo todo, confiando cegamente em suas escolhas, tornará mais poderosa sua capacidade de tomar decisões maiores.

Nesse processo, os erros viram bênçãos, viram axé. Sabe por quê? Porque eles forçam a gente a usar a imaginação, a pensar, a buscar alternativas. Quando somos jogados dentro do caos, somos forçados a mudar, a sermos autoconfiantes, decididos, a usar nosso Orì de uma forma que não usaríamos se estivesse tudo calmo.

Errar é axé, porque cair faz com que a gente crie. Faz com que a gente amplie nosso campo de visão, igual a um caçador, sabe? Quanto mais caímos, mais ficamos certos de que sabemos levantar. E, assim, uma força espiritual se reafirma e aumenta ainda mais a nossa autoconfiança.

EXU DIZ:
VOCÊ
SÓ PODE
CONFIAR EM
MIM DEPOIS
QUE CONFIAR
PRIMEIRO EM
SI MESMO.

Exu diz: você só pode confiar em mim depois que confiar primeiro em si mesmo.

Por isso, para termos Exu na nossa vida e usufruir de todas as suas bênçãos, precisamos ter a nós primeiro. Precisamos ser nosso melhor amigo, nosso grande ídolo, nosso maior admirador e nosso eterno fã.

MÃO NO EBÓ

Esse "ebó escrito" vai ser diferente dos anteriores. Vou te propor um exercício de imaginação para você treinar esse músculo.

1. Você vai imaginar as situações que deixarei a seguir e só depois de fazer isso vai escrever suas respostas. Peço que reflita a cada questão.

Quero que meu caráter seja
_____
_____

Quero que minha relação comigo mesmo seja
_____
_____

Quero que minha relação com as pessoas seja
_____
_____

Quero ganhar _____ por mês.

Na minha profissão eu quero ser
_____
_____

Meus amigos ideais são

_____

_____

Quero que minha espiritualidade seja

_____

_____

Meu corpo deve ser

_____

_____

Eu tenho prazer em

_____

_____

Meu maior sonho a curto prazo é

_____

_____

Meu maior sonho a longo prazo é

_____

_____

2. Liste o nome de sete pessoas e escreva as maiores qualidades que elas têm e que você gostaria de ter.

_____

_____

_____

_____

Te desejo um Orì repleto das mais lindas imaginações! Que Exu não te manipule!

MÃO NO EBÓ

De nada adiantará você ler este livro se no seu dia a dia não tomar atitudes (ainda que pequenas) para mudar seu comportamento, sua energia e caminhar rumo àquilo que realmente quer para a sua vida. Como a palavra é axé de Exu, mais uma vez faremos um exercício de verbalização que vai te ajudar muito a desenvolver a energia da iniciativa e liderança.

1. Separe um momento no seu dia (pode ser ao acordar, por exemplo) para rezar para Exu e peça que ele te traga clareza sobre quem você é.
2. Feito isso, comece a se observar e falar em voz alta: "Eu determinei um propósito para minha vida e agora entendo que é meu dever transformá-lo em realidade".
3. Anote as frases a seguir e as leia todos os dias:

- Todos os dias farei algo específico e importante sem que alguém me diga que devo fazê-lo;
- Olharei ao meu redor e buscarei implementar algo em minha rotina que será um benefício para as pessoas, e não esperarei nada em troca;
- Entendo que todo músculo deve ser treinado, portanto sei que, quanto mais iniciativa eu tomar, melhor ficarei nisso;
- Todos os dias falarei com alguém sobre a importância de desenvolver iniciativa e darei exemplos de como essa pessoa pode fazer isso.

Com o tempo, você vai perceber que tomar iniciativa se tornará algo tão natural que você vai abraçar facilmente a ideia de ser líder seja onde for: na sua casa, no trabalho, na sua casa de axé, em um projeto social...

Desejo a você uma liderança forte e com coragem!
Que Exu não te manipule!

capítulo oito

EXU E LOGUN EDÉ: SER UM ENTUSIASMADO PARA ORIXALIZAR

Um mito conta que os Orixás primordiais: Ogum (a Coragem), Exu (a Paciência), Ifá (a Sabedoria), Oxóssi (a Estratégia) e Ajê (a Riqueza) estavam em uma expedição com outros Orixás e, em determinado momento, se perderam do destino e ficaram presos em um lugar inóspito e sem saída.

Ogum tentou usar a coragem para sair de onde estava, mas não obteve sucesso. Ifá usou sua sabedoria para encontrar um meio de sair dali e também não conseguiu. Exu, por sua vez, usou do seu recurso de paciência e não avançou um metro sequer. Oxóssi recorreu à conquista e permaneceu na mesma. Ajê doou toda a sua riqueza e continuou onde estava. Feito isso, os Orixás se reuniram e decidiram que deveriam pedir ajuda ao mais jovem deles: Lógun Èdẹ. Assim, foram até ele e o intimaram: "Você tem a missão de nos tirar daqui".

O Odé, movido por sua sede de conquista, aceitou o desafio. Como era um caçador, Lógun Ẹ̀dẹ utilizava poções para superar os obstáculos que apareciam em seu caminho. À medida que ia usando esses preparados mágicos, ele ia vencendo os obstáculos e libertando os Orixás das situações de perigo em que haviam se metido. Desde então, Lógun Ẹ̀dẹ passou a ser chamado de Asíwájú Òrìṣà (Líder dos Orixás): o caçador, o príncipe da cidade de Edé, o guerreiro que lidera quando os Orixás guerreiam. Aquele que se transforma em serpente e também em jiboia para conseguir caça.

Lógun Ẹ̀dẹ é uma divindade mítica filho de Oxóssi e detentor de alguns axés que são indispensáveis na vida daquele que deseja ter uma jornada memorável no Àiyé: brilho, encanto, carisma e entusiasmo. É também chamado de *Odédolá* (o caçador trouxe fortuna e progresso para a minha vida), título dado a uma pessoa em louvor de Ogum, Oxóssi e ao próprio Lógun Ẹ̀dẹ. É um Orixá bastante ligado a estratégia, coragem, poesia, agilidade e prosperidade.

Líderes bem-sucedidos são aqueles que conseguem incutir entusiasmo e energia boa nas outras pessoas. Por isso, o entusiasmo, a empolgação e a vibração são comportamentos necessários para qualquer um que deseje vencer na vida, todos axé de Lógun Ẹ̀dẹ.

Sempre que tenho conexão com o axé desse Orixá, noto que boa parte desse brilho, desse encanto que ele traz para as pessoas tem raiz no entusiasmo, na sede de viver, de ser grande e memorável.

O entusiasmo é característica de uma personalidade agradável, e precisamos disso para influenciar os outros e cooperar conosco na realização do nosso propósito. Foi assim que Lógun

Ẹdẹ se destacou entre os Orixás, que ele se tornou rei de Edé e um dos Orixás mais admirados do panteão.

Pessoas de propósitos têm suas magias, e uma delas é o entusiasmo

Vimos no capítulo sobre Orì que a nossa capacidade de imaginar e criar é o espelho da nossa alma. Temos a liberdade de ficar diante dele a hora que quisermos e de ver todos os nossos sonhos, metas e desejos acontecendo bem ali na nossa frente. O sucesso que queremos alcançar na carreira, a viagem que queremos fazer, o bem material que queremos adquirir... Seja o que for, temos a liberdade de sonhar alto e sentir todas essas emoções em nosso corpo. Você já fez esse exercício? Eu já.

Vou te contar uma história minha bem engraçada, coisa de gente meio lelé da cuca, sabe? Sou aquele tipo de pessoa que cria eventos para a própria vida e escreve um documento com todos os detalhes, por exemplo, o lançamento deste livro já foi todo imaginado, desenhado e planejado na minha mente; e, claro, foi para o papel: o local, as pessoas, a roupa que vou usar, o que farei antes e depois do evento, como será o convite, até a legenda da foto principal já foi feita, acredite! Tudo isso já existe em algum lugar, em alguma dimensão espiritual e energética, e te digo mais: vai acontecer.

Toda vez que eu paro para ver essa cena, me vêm uma euforia, uma empolgação enorme, um sentimento que me dão força para entregar o melhor de mim neste processo de escrita e seguir exatamente o plano que tracei para conseguir materializar tudo o que começou aqui no meu Orì. Hoje, entendendo um pouco dessa dinâmica de Orì e a vivência com Lógun Ẹdẹ, sei que todos nós temos o direito (e por que não a obrigação) de usar a imaginação para criar entusiasmo pela vida.

Assim como os Orixás que estavam distantes da saída do lugar em que se perderam, talvez eu e você também estejamos distantes de algo que queremos muito para a nossa vida, porém uma coisa é certa, e aqui entra o propósito de caçar: se soubermos que estamos no caminho certo, seguindo nosso sonho, nossa caça, a chama do entusiasmo estará acesa em nosso coração. Quando essa chama está acesa, precisamos mantê-la através do pensamento, agindo de acordo. E, muito antes do que somos capazes de imaginar, encontraremos os meios de obter aquilo que caçamos.

Eu tenho uma amiga chamada Samara que é a pessoa mais empolgada e entusiasmada que eu conheço, ela me ensina muito sobre a importância de desenvolver essa habilidade. Sempre que vou fazer algo novo, preciso falar com ela porque sei que ela vai dizer: "Nossa, vai dar tudo certo!". Ela não pensa muito, quando você termina de falar, ela já solta todo o entusiasmo em cima da sua ideia. Isso traz um axé absurdo para quem está ao redor e, consequentemente, para ela também.

Samara é alguém que, mesmo com todos os desafios pelos quais a gente passa, conquista o que quer. E isso é porque ela tem esse dispositivo interno que faz uma grande diferença. Eu a conheci trabalhando em um emprego horrível que sugava toda a sua saúde física e mental. Hoje, ela tem um trabalho lindo empreendendo na área de beleza, empoderando e empregando mulheres, e não é só isso: ela brilha no lugar onde mora.

Convivendo de perto como eu fiz, sei que o Orì dela um dia imaginou isso tudo e muito mais; foi o entusiasmo que a levou a sair de onde estava, e será o que a levará ainda mais longe.

Lógun Èdẹ é isto: empolgação, positividade e alegria para alcançar o alvo, a presa, a caça.

Quando nos envolvemos em algo que explora o que há de melhor em nós, nossa criatividade, força, coragem e entusiasmo ultrapassarão limites. Nosso axé pessoal vai além das limitações, inclusive físicas, e se expande para todos os setores da nossa vida. O resultado? Você vai descobrir uma paixão genuína pela vida. Assim como seu pai Oxóssi, Lógun Èdẹ ama as caças para que elas o amem de volta.

Tem um Orin de Lógun Èdẹ que expressa um pouco do entusiasmo no axé desse Orixá. Ele diz o seguinte:

> E wá wo adé baba mi! (Venham ver a coroa do meu pai!)
> O mó roro o! (É muito brilhante!)
> O kè roro! (É muito grande!)
> E wá wo adé Ede o! (Venham ver a coroa de Edé!)

A Ìyá Osá me mandou esse *itan* durante a fase de pesquisa para escrever este capítulo, e eu só consegui pensar: *O puro suco do entusiasmo* (risos). Todas as impressões que eu tinha sobre essa energia do entusiasmo de Lógun Èdẹ se reforçaram. O entusiasmo traz brilho, carisma, potência. Ele coloca uma coroa em nossa cabeça.

E nesse contexto entra uma nuance bem interessante. Quando nosso Orì vibra de emoções positivas, porque foi estimulado com entusiasmo, esse axé também afeta outras pessoas com quem temos contato. O mesmo ocorre também quando interagimos com uma pessoa entusiasmada (por isso citei o exemplo da minha amiga Samara). Perceba que o entusiasmo, automaticamente, nos faz influenciar e ser influenciados.

Quando estamos entusiasmados por algo, seja um produto ou serviço que vendemos, uma série de que gostamos ou uma viagem que faremos, o axé fala através da nossa voz. Não é o que dizemos, mas o tom e maneira como o comunicamos que marcam as pessoas. Tudo que formos comunicar precisa ter a energia do entusiasmo. É ela que nos faz deixar o nosso brilho por onde passamos.

Exu e Lógun Ẹ̀dẹ̀: não é só o que eu comunico, mas também o brilho que eu coloco no que eu comunico

Um dos meus objetivos com este livro é mostrar sincronias e encontros de axé entre Exu e os demais Orixás. E ele surgiu porque, por algum motivo, um dia eu acordei e lancei essa ideia de que Exu habita em todos nós, humanos e deuses. As pessoas podem me achar louco por isso? Sem dúvida. Podem me achar entusiasmado e emocionado demais? Por favor!

Um *itan* conta que, nos primórdios, era Exu que ajudava Ọ̀rúnmìlà-Ifá a organizar o mundo. Para que isso pudesse acontecer, ele sugeriu a Ọ̀rúnmìlà-Ifá que a todo ser humano fosse apresentada uma questão simples, à qual eles deveriam responder de forma objetiva. E seria essa resposta que determinaria como seria o seu destino e modo de viver.

Enquanto Ọ̀rúnmìlà-Ifá executava essa missão, Exu ficou pensando em formas de brincar com ele e confundi-lo. Quando se aproximou de um homem, Ọ̀rúnmìlà-Ifá lhe perguntou: "Prefere viver dentro ou fora?", "Dentro", o homem respondeu. E Ọ̀rúnmìlà-Ifá determinou que todos os seres humanos viveriam em casas. De repente, ele se dirigiu a Exu e fez a mesma pergunta: "E você, Exu, dentro ou fora?".

Exu levou um susto ao ser chamado repentinamente e, sem pensar muito, respondeu: "Ora, fora, é claro". Mas, na sequência, logo se corrigiu: "Não, não, eu quero ficar dentro". Ọ̀rúnmìlà-Ifá entendeu que Exu estava querendo criar confusão e determinou: "Exu, você viverá fora, e não dentro de casa". E, assim, Exu passou a viver a céu aberto.

Do mesmo jeito que existe uma diferença entre o que falamos e o que realmente gostaríamos de falar, não podemos negar que palavras ditas sem emoção e palavras que são ditas com calor e empolgação atingem as pessoas de formas bem distintas.

Esse conto ressalta o cuidado que devemos ter com a palavra, porque muitas vezes o que pretendemos dizer é traído pela maneira como dizemos. Queremos comunicar uma coisa, e nosso interlocutor entende exatamente o contrário. Quem nunca passou por uma situação dessas em algum momento da vida? É por conta da falta desse axé que políticos, vendedores e empresários fracassam. Muitas vezes apresentam bons argumentos e oratória eficaz, mas não convencem ninguém.

Lembra do mito que contei lá no começo do capítulo em que os Orixás recorreram a Lógun Èdẹ para sair de onde estavam? Eu enxergo os Orixás exatamente neste cenário aqui: tinham todas as suas armas (coragem, paciência, prosperidade, estratégia, sabedoria), mas não venceram as adversidades e, por isso, recorreram a Lógun Èdẹ, que, por sua vez, os ajudou com suas magias, que iam dissolvendo as adversidades que surgiam.

Foi Lógun Èdẹ quem abriu caminho para que eles pudessem avançar. O axé dele não foi só estar no lugar certo e na hora certa, mas também usar os preparados mágicos corretos para alcançar seus objetivos. Isto é comunicação: quando duas coisas que precisam se encontrar se encontram.

As adversidades precisavam da magia de Lógun Ẹ̀dẹ, do encanto e do entusiasmo para que pudessem se dissolver. E eu torço para que você se lembre dele e destas palavras aqui quando estiver passando por um desafio. Exu também está presente em Lógun Ẹ̀dẹ, seja pelo seu brilho, pelo carisma oriundo da sua boa comunicação, pela capacidade de abrir caminhos ou simplesmente por carregar uma grande e majestosa coroa.

Lógun Ẹ̀dẹ nos ensina a orixalidade como premissa básica para brilharmos em vida

Em uma palestra que super-recomendo do Bàbá King falando sobre Lógun Ẹ̀dẹ,[32] ele traz uma reflexão que nos ajuda muito a compreender essa dinâmica do entusiasmo na vida do devoto de Orixá. Ele diz que para aflorarmos, mostrarmos um desempenho extraordinário, precisamos de algo que está além da inteligência, da liderança, do conhecimento e da competência; precisamos de brilho, carisma, encanto.

Para ter esse axé, é preciso ter entusiasmo, porque a raiz dele é a paixão. A paixão é o que nos alça a níveis elevados de genialidade e motivação humana. Foi dessa forma que os Orixás se tornaram Orixás: a chama do entusiasmo e a paixão pelo propósito os fazia ser seres acima da média. Sempre que penso nisso, lembro de um termo bem bacana que li em algum lugar, embora não tenha registrado o nome do autor, que fala exatamente desse processo de se tornar alguém memorável: *orixalizar*.

Orixalizar as pessoas é reconhecer nelas as suas potencialidades e fragilidades. E por mais que muitos pensem o contrário, como um dia eu também já pensei, essas duas grandezas não são contraditórias, mas complementares. Acho que aquilo que nos eleva e nos fortalece em ser de Orixá é isto: saber que, por termos o abebé em mãos, podemos nos enfrentar e, com isso, exercitar a autocrítica e matar o Deus-Cristão-Perfeitinho--Que-Nunca-Erra que foi implantado dentro de nós.

Uma vez assistindo a um vídeo do Pai Pc, babalorixá da Casa de Oxumarê em Salvador, ele disse algo que me marcou profundamente: "Lógun Ẹ̀dẹ é o Orixá do brilho. Quando a gente vai louvá-lo, a gente pede que ele traga brilho para as nossas vidas". Isso ecoou em mim com tanta intensidade que até hoje, quando eu olho para Lógun Ẹ̀dẹ, é a única coisa que consigo pedir.

Lógun Ẹ̀dẹ é um Orixá para o qual você não consegue parar de olhar. Ele simplesmente hipnotiza. Seja por sua beleza, sua sensibilidade, sua alma pura e ao mesmo tempo guerreira, pelo seu "eu artista" e ainda, na minha visão, por ele ter se tornado um Orixá justamente por conta dos seus defeitos. Foi aí que entendi por que no Candomblé se fala muito que Lógun Ẹ̀dẹ é o brilho dos olhos de Oxalá.

Apesar de sua narrativa mítica ter sido construída em cima da ideia de ele ser filho de Oxóssi, em algumas famílias africanas, ele é filho de Oxalá com Oxum, por isso é muito comum encontrar por aí mitos que narram a ligação desses dois Orixás.

Conta um *itan* que Lógun Ẹ̀dẹ era um caçador solitário e infeliz e muitos o bajulavam por causa de sua formosura. Um belo dia, Oxalá conheceu Lógun Ẹ̀dẹ e o levou para morar com ele sob sua proteção. Oxalá lhe deu tudo que podia: companhia, sabedoria e compreensão.

Mas Lógun Ẹ̀dẹ, como era ganancioso, queria mais. Então ele roubou alguns segredos que Oxalá deixara à mostra, confiando na honestidade dele. Feito isso, Lógun Ẹ̀dẹ deu as costas a Oxalá e foi embora levando os segredos que havia roubado.

Ciente da traição, Oxalá ordenou que, toda vez que Lógun Èdẹ usasse um dos seus segredos, as pessoas deveriam falar em voz alta: "Que maravilha o feitiço de Oxalá", afinal, ele não poderia se apropriar de algo que não era seu. A sentença ainda era pouca para o tamanho do orgulho de Lógun Èdẹ, e, para que o castigo durasse durante toda a eternidade, Oxalá o transformou em Orixá.

Mesmo tendo certeza de que o outro estava sendo castigado, e ainda achando que a pena era pouca, Oxalá determinou que ele ficasse seis meses na mata com seu pai e seis meses na mata com sua mãe. Feito isso, Lógun Èdẹ nunca seria completo. Estaria sempre em crise interna por tentar entender quem era, e essa dualidade de sentimentos o tornaria refém de si mesmo.

O pensamento ocidental/colonial transforma em deuses aquelas pessoas boas e perfeitas que nunca erraram com ninguém. E, claro, a gente sabe que essas pessoas realmente são santas porque elas não existem. Nossos Orixás não foram perfeitos, nem tentaram ser. Boa parte da literatura e dos *itans* que temos hoje os retrata como pessoas comuns que aprenderam muito, principalmente com os próprios erros.

Eles só conseguiram ser protagonistas da própria história porque tinham maturidade e capacidade de autoenfrentamento, de acolher as próprias qualidades e potencializá-las e, da mesma forma, abraçar seus defeitos e enfraquecê-los. Oxalá transformou Lógun Èdẹ em Orixá por causa de seus erros e defeitos, acreditando que, por eternizar-se com eles, ele teria capacidade e maturidade de mudar e evoluir. Isso me faz refletir sobre duas coisas:

1. Oxalá entende que as pessoas podem mudar e aprender com os erros, por isso as aceita exatamente com elas são;
2. Lógun Èdẹ, por carregar o abebé, tem capacidade de enxergar as suas sombras; e, por carregar também o ofá, consegue destruí-las.

É desta forma que Lógun Èdẹ brilha os olhos de Oxalá: porque, além do misto de tudo de lindo que ele é, a sua existência ensina que não são só as nossas qualidades que nos tornam grandes, mas também os nossos erros e defeitos. Por isso não desejo mais ser deus, tampouco quero ser salvo de alguma coisa. Eu quero ser Orixá.

Porque é exatamente assim que me encontro hoje: na insistência de amadurecer, com a consciência de que muitas vezes serei imaturo, incompreensivo, falho e, ainda assim, meu brilho nunca se apagará. Porque, se eu fechar os olhos para as minhas sombras, eu vou matar a minha complexidade e, consequentemente, a minha orixalidade.

Ter o brilho de Lógun Èdẹ em nossas vidas é ter um abebé em uma das mãos para nunca nos esquecermos do quanto somos incríveis, e, na outra, o ofá, para destruir tudo aquilo que impede que esse nosso brilho seja visto.

Que tenhamos a sabedoria de acolher os nossos defeitos, mas sem passar a mão na cabeça deles. Isso certamente nos elevará e nos fortalecerá enquanto devotos de Orixá.

Que o axé de Lógun Èdẹ possa nos orixalizar, nos africanizar em vez de nos endeusar.

É DESTA FORMA QUE LOGUN EDÉ BRILHA OS OLHOS DE OXALÁ: A SUA EXISTÊNCIA ENSINA QUE NÃO SÃO SÓ

AS NOSSAS QUALIDADES QUE NOS TORNAM GRANDES, MAS TAMBÉM OS NOSSOS ERROS E DEFEITOS.

MÃO NO EBÓ

Encanto e entusiasmo nunca são resultado do acaso. Existem alguns pós mágicos que produzem esse axé em nós:

- Trabalhar em algo de que gostamos;
- Estudar o que nos agrada;
- Estar rodeado de pessoas que amam o que fazem;
- Participar de grupos que nos possibilitem pensar como líderes, a desenvolver iniciativa, a criar;
- Manter uma boa saúde pelo cuidado do Orì (cabeça) e doArá (corpo);
- Ser uma pessoa de atitude, pois só saber não basta, tem que colocar em prática; o entusiasmo de Lógun Èdẹ não se sustenta em uma vida passiva e monótona.

Te desejo um Orì repleto das mais lindas imaginações!
Que Exu não te manipule!

capítulo nove

EXU E OXUM: CONTROLE DE SI MESMO

Conta o *ìtan*[33] que Oxum (Ọṣun) era a rainha de um território próspero e popular. Certo dia, seu reino foi invadido pelo povo ioni, que conseguiu enfraquecer os seus domínios. Para não ser feita prisioneira, Oxum fugiu na calada da noite e encontrou refúgio em um lugar distante e silencioso.

De lá, ela conseguiu se comunicar com o seu povo e lhes orientou a cozinhar um ebó com milhares de abarás e deixá-los à beira de um rio por onde passariam os ioni, que já estavam indo guerrear com outros povos.

Quando os rivais passaram pelo rio e se depararam com aquela variedade de comida, não resistiram e devoraram tudo. Os abarás do ebó de Oxum estavam envenenados, e todos os guerreiros ioni morreram imediatamente.

Certa de que não haveria mais perigo, Oxum, vitoriosa, retornou ao reino e foi aclamada como aquela que matou um exército somente com seu autocontrole, estratégia e sagacidade.

Oxum é a semente do feminino que dá origem a todas as manifestações possíveis. Ela é tão rica e profunda em essência que nenhum ser humano no mundo ousa decifrá-la. *Oxum, a alma e a personificação da elegância; aquela que transforma o ferro em joia.* Conta-se que Oxum foi o primeiro Orixá feminino a chegar ao estado físico da existência. Em sua vinda, ela trouxe mel, doçura e os segredos do erotismo.[34]

Em Oxum encontramos o espírito de uma mulher livre que deixa para trás seus opressores quando sente que sua voz é silenciada ou que a expressão do seu ser é negada. A ausência de Oxum sempre traz problemas, porque ela é o amor, o mistério e o desejo que nos impulsiona a avançar. Sem Oxum, a vida simplesmente não flui. *A felicidade precisa do aval de Oxum para acontecer.*

As tradições em Oxobô, que foi onde surgiu o seu culto, contam que Oxum é uma manifestação direta de Deus e, por conta disso, ela sempre esteve empenhada em conquistar todos os poderes masculinos que lhe foram negados. Oxum é uma força materna que quer que a nossa grandeza se multiplique para nosso benefício e para o de quem está ao nosso redor.

Eu gostaria de mensurar em palavras o que Oxum representa para mim desde o dia que eu soube da sua existência, mas, vivendo Oxum, compreendi que ela não é decifrável, classificável nem categorizável. Ela é apaixonante, apenas. Paixão não se define, se sente. Hoje eu sei que essa paixão que sinto por ela é ela mesma. Ela é o rio que conecta o Orì ao coração. Oxum é que me faz amar a vida. Ela é o meu combustível, o sentido da minha existência.

Oxum foi o primeiro Orixá que eu cultuei na vida. Foi ela que me levou ao Candomblé. Quando criança, eu vi uma imagem de uma santa preta vestida de amarelo e simplesmente me apaixonei. Porém, a única imagem que tinha de uma santa preta era a que estava vestida com um manto azul-marinho com flores douradas, a qual me disseram que se chamava Aparecida. Como eu não tinha nenhum outro referencial de santos pretos, achei que fosse a mesma santa, só que com outra roupa. Assim segui acreditando por anos, até que, por acaso, cheguei ao Candomblé e compreendi de onde vinha a afinidade.

Toda vez que começo algo relacionado ao meu espiritual, Oxum está lá, ela é a primeira. Quando dei meu primeiro Borí e "entrei pra macumba", eu me recolhi com uma mulher de Oxum. O primeiro Orixá que vi em terra foi Oxum. O primeiro Orixá que abracei foi Oxum. A primeira pessoa que consultei como oraculista na vida foi uma mulher de Oxum. A primeira magia que fiz na vida foi para Oxum. O primeiro ebó que fiz para alguém na vida foi para uma mulher de Oxum. O primeiro Orixá com o qual eu tive transe quando cheguei ao culto iorubá foi Oxum. Oxum sempre está em meus inícios. Ela é minha bússola, minha mãe, meu maior ídolo. Nada na minha vida acontece sem o aval dela.

Ao longo de dez anos fazendo parte da religiosidade africana, aprendi e aprendo um sem-fim de coisas. Ao olhar para Lógun Èdẹ, como vimos no capítulo anterior, percebi que o entusiasmo é vital para que despertemos para a ação. Mas o autocontrole, ensinado por Oxum, é o que dirige essas ações de modo que elas sejam construtivas, para que elas não se voltem contra nós.

É por meio do autocontrole que dirigimos nossos pensamentos para fins específicos. Se não desenvolvermos a capacidade de controlar as emoções, os nossos pensamentos se perdem em fantasias. E o entusiasmo gerado por elas se equipara a um tornado: uma força da natureza que não se perde no espaço e se torna um perigo, pois nada nem ninguém conseguem controlá-lo.

É por meio do axé de Oxum que aprendemos a nos tornar senhores do nosso destino e comandantes da nossa alma.

Nossa força maior não está em pensar, e sim em direcionar nossos pensamentos para o que realmente queremos

Uma coisa é muito clara em todas as liturgias: Oxum era uma mulher que sabia o que queria. E esse saber o que quer perpassa uma série de coisas, entre elas, o amor-próprio. A pessoa que se ama sabe claramente o que anseia seu espírito, pois o amor-próprio nasce do autoconhecimento. Sem nos conhecermos de verdade e percebermos as coisas incríveis que temos para partilhar, não conseguimos nos amar. *Precisamos nos conhecer para sermos apaixonados por nós mesmos.*

E essa sensação de amar a si mesmo de maneira clara e genuína faz com que a gente desenvolva autocontrole sobre nossas ações. Quer ver um exemplo? Maria foi ao médico e recebeu a notícia de que deveria perder peso. Seus níveis de colesterol e glicose estavam altíssimos, o que colocava sua vida em risco. O médico a orientou a começar uma profunda readequação de hábitos, porque sua saúde e sua vida estavam pedindo por isso.

Maria pegou todas as prescrições e seguiu sua vida. Porém, ela convive em ambientes nos quais a maioria das pessoas não tem uma alimentação saudável, todos os encontros sempre são regados a cerveja e guloseimas. Além disso, as pessoas ao seu redor são sedentárias e raramente praticam atividade física.

Num cenário desses, a probabilidade de Maria pisar na bola é bem alta, não concorda? Mas sabe o que a salvará de si mesma? O autocontrole. E esse autocontrole vem do seu

É POR MEIO DO AXÉ DE OXUM QUE APRENDEMOS A NOS TORNAR SENHORES DO NOSSO DESTINO E COMANDANTES DA NOSSA ALMA.

senso de amor-próprio. Ou seja, se Maria desenvolver um autoamor profundo, vai saber que a saúde é a joia mais valiosa que tem e, por conta disso, vai dizer *não* para tudo aquilo que possa prejudicá-la.

A gente deveria levar essa lógica para tudo na vida, né? Dizer *não* para aquilo que nos impede de alcançar os *sins* que tanto buscamos. O axé de Oxum envolve isto: dizer não para aquilo que não nos faz bem de forma alguma. E precisamos fazer isso porque o autoamor é valioso e deve ser nutrido, pois é ele que comandará todas as nossas ações e o modo como direcionamos a vida.

O autocontrole cumpre dois papéis fundamentais: ele nos ajuda a alcançar nossos objetivos e evita que nos autodestruamos em momentos de raiva e fraqueza.

Durante minha jornada espiritual, percebi que perdi muita coisa porque me deixava levar pela raiva. Isso nada mais era que o descontrole das emoções. Cada vez que eu sentia raiva por algo que me acontecia, perdia o dia e não conseguia nem trabalhar direito; isso me causou vários prejuízos, inclusive financeiros. Com o amadurecimento em Orixá, e consequentemente o culto a Oxum visando ao amor-próprio, passei a enxergar que sentir raiva era um ataque a mim mesmo, já que ela me fazia perder tanto.

Ancorar melhor essa relação comigo mesmo me fez desenvolver um autocontrole capaz de não me deixar enraivecer por qualquer coisa. Por isso digo: amor-próprio nasce do autoconhecimento e do autocontrole. Se eu não tivesse essa dimensão de como eu funcionava, não seria possível dizer *não* para o que me fazia mal, não poderia me amar. Como eu poderia impor limites para algo que não conhecia?

A importância do autocontrole não está apenas no fato de que a ausência dele traz problemas, mas também de que sem ele perdemos o poder necessário para realizar o que realmente devemos realizar, inclusive o propósito que traçamos para a nossa vida.

Como vimos lá no capítulo de Exu e Obá, ninguém consegue liderar os demais sem antes aprender a liderar a si mesmo. E, para sermos líderes em nossa vida, precisamos exercer o autocontrole, e ele nada mais é que o reflexo do amor-próprio: a capacidade de colocar em primeiro lugar aquilo que nos faz bem, aquilo que é importante para nós.

Oxum: a prosperidade financeira é reflexo de amor-próprio e, consequentemente, de autocontrole

A alcunha de Oxum de ser "a dona do ouro" me faz imaginar que ela se ama tanto a ponto de ver o dinheiro não só como merecimento, mas também como estratégia de controle de si mesma, nuance que é bem marcante nela. Por isso, vou tocar num ponto que é crucial para entendermos melhor essa particularidade de Oxum no amor-próprio e no autocontrole: o cuidado com a vida financeira.

Saber lidar com o dinheiro é, sem dúvida, o maior exemplo possível de autocontrole. E uma das dificuldades de desenvolver controle sobre nossas finanças está no fato de que somos altamente influenciáveis: achamos difícil resistir à tentação de fazer o que vemos os outros fazerem. Se vemos um amigo viajando muito, automaticamente nos sentimos pressionados a viajar mais. Quando um parente compra um carro do ano, começamos a nos questionar se não está na hora de trocar o nosso. Essas coisas muitas vezes nos fazem entrar em uma missão com condições nada favoráveis.

A prosperidade financeira é importante – e assim também acreditam os iorubás. É por meio dela que mantemos o controle e a tranquilidade nas demais áreas da nossa vida. Eu vejo o ato de cuidar do dinheiro (e aqui se incluem responsabilidade, comprometimento e foco) como uma prova genuína de amor-próprio.

> A pessoa que se ama não quer viver na escassez.
> A pessoa que se ama não quer deixar de adquirir algo que faz bem a ela.
> A pessoa que se ama quer poder ter dinheiro para comprar um remédio quando adoecer.

O amor-próprio não mora só no espelho, ele abraça todas as áreas da nossa vida, e flui como água, em todos os cantos.

Eu costumo enxergar o amor-próprio como a água que vazou da torneira que a gente esqueceu aberta. E aí essa água vai percorrendo todos os cômodos da casa, vai invadindo todos os espaços, e então nos atinge por completo.

É assim que devemos enxergar o axé de Oxum em nossa vida, porque é assim que ele age. Se a gente só se ama quando está de boa com o espelho, e negligencia todo o resto, tem algo muito errado com nossa forma de cultuar Oxum.

Oxum possui muitas riquezas porque sabe que as merece. Ela cuida das suas joias e do seu dinheiro porque se ama a ponto de não querer sequer pensar que a falta dessas coisas pode abalar o seu estado emocional. Oxum sempre tem ouro porque ela cuida dele.

Aprender isso faz uma enorme diferença na nossa vida, pois passamos a ter mais cuidado com o que gastamos e nos empenhamos em criar formas para poder ganhar mais, seja através do estudo, seja por meio do trabalho ou, claro, da estratégia.

Sei que na situação macro em que vivemos é bem complicado atribuir que o mérito ou a culpa de ter ou não dinheiro não é somente nosso, existem muitas variáveis envolvidas. Mas é aí que entra a *estratégia* de Oxum como forma de avançarmos independentemente do cenário: devemos ser atrativos, carismáticos, inteligentes e estratégicos. Pessoas com essas virtudes sempre vencem a guerra sem levantar uma espada.

Se desenvolvemos o autocontrole ao lidar com o dinheiro (principalmente com os gastos), três coisas acontecerão:

1. A prática de disciplina e autocontrole trará a sensação gostosa de domínio e poder sobre a própria vida;
2. Quando começamos a juntar dinheiro e percebemos o quanto a quantia guardada nos traz segurança, queremos juntar mais e mais;
3. Quando temos dinheiro na mão, sempre temos como abraçar oportunidades, o que traz mais autoestima e segurança.

Não há como prosperar quando não conseguimos controlar e dominar a forma como lidamos com o dinheiro. Na visão africana, prosperidade não tem a ver com quanto dinheiro temos na vida, mas com o uso que fazemos dele.

A falta de controle das emoções faz com que sejamos engolidos pela correnteza

Ainda dentro da perspectiva de Oxum, é importante analisarmos que, assim como a água, nossos sentimentos fluem de tal forma que, se não tivermos cuidado, nos afogaremos neles.

Uma pessoa com autocontrole não se deixa levar pela raiva, pelo ódio, pela inveja, pelo ciúme ou por qualquer outra emoção com efeito destrutivo. Se perdemos as estribeiras com qualquer conflito que surja em nosso caminho, é sinal de que não estamos totalmente ancorados ao axé de Oxum. E isso fala muito sobre *não deixarmos o outro determinar como nos sentimos. Não podemos dar esse poder a ele.*

Mas não pense que somente a falta de controle das emoções negativas nos prejudica. O efeito é igual com as emoções positivas. A autoconfiança, por exemplo, é um axé necessário para vencer na vida, mas, se desenvolvida em excesso, torna-se perigosa. Trabalhar dignifica o ser humano, mas, se levado aos extremos, pode adoecer. Esses são exemplos da falta de autocontrole, e ambos estão associados à falta de amor-próprio.

Quando temos controle das nossas emoções, não nos deslumbramos nem ficamos extremamente empolgados com qualquer coisa. Por exemplo, o amor a dois é algo essencial para termos uma existência mais feliz, mas, se depositamos no outro a responsabilidade de nos fazer bem, a história acaba se transformando em algo semelhante à do rato que pediu para dormir na boca do gato. Quando temos o controle de nós mesmos, não damos ao outro o poder de determinar se seremos felizes ou não.

No tempo que passei no Candomblé, vi várias pessoas com claros problemas de dependência emocional de seus parceiros/cônjuges, e eu sempre pensava: *Precisa de Oxum para ontem.*

NA VISÃO AFRICANA, PROSPERIDADE NÃO TEM A VER COM QUANTO DINHEIRO TEMOS NA VIDA, MAS COM O USO QUE FAZEMOS DELE.

É triste ver a quantidade de gente incrível que se fragiliza a ponto de se perder de si mesma, acreditando que só se encontrará nos braços de outra pessoa.

Isso me fez refletir sobre o quanto estamos doentes – e aqui falo nós como sociedade –, e precisamos *muito* falar desses assuntos que envolvem autoestima, amor-próprio e muitos outros. Principalmente as mulheres. O mundo precisa urgentemente de cura, e se você é de Orixá, mulher ou não, pessoa preta ou não, precisa fazer parte desse movimento. Porque é aquela história: *ou você é problema ou solução*. Escolha.

Eu acredito de verdade que Oxum é um Orixá para ser cultuado por qualquer pessoa, porque esse senso de autoamor não só nos dá autocontrole, como também nos faz gastar energia com o que realmente importa. Essa visão de mundo nos afasta completamente das distrações e nos faz enxergar que nós somos a pessoa que mais importa. Quando nos distraímos demais, não estamos olhando para a gente.

Perdoe, mas não volte para o que te adoeceu

Uma história de *odiwori* conta que houve um período no Àiyé em que as pessoas, em virtude de suas ambições, ficaram chateadas com sua rainha Oxum. Elas já tinham muito e, ainda assim, queriam mais. Oxum, descontente com a postura do seu povo e cansada de tanta ingratidão, os deixou e suspendeu a chuva, elemento que comandava.

Com a ausência de Oxum, e a seca causando estragos, o povo começou a fazer sacrifícios no intuito de trazê-la de volta. Oxum respondeu que não retornaria, mas que eles poderiam usar a água fria e a planta conhecida como òdúndún para resolver seus problemas.

Eles seguiram o que ela determinou, e a abundância voltou com as chuvas, mas Oxum nunca mais retornou ao seu povo.

Eu sempre costumo dizer que a partir do momento em que a gente se coloca em primeiro lugar, isso é Exu, porque Exu é o primeiro, o início de tudo. Por isso é visível o axé de Exu nas dinâmicas de Oxum. Ao mesmo tempo que Oxum se priorizou e não retornou para o seu povo por entender que emocionalmente eles não lhe faziam bem, ela também precisava ajudá-los, e assim o fez. Oxum agiu como Exu agiria porque é assim que ele funciona.

Certa vez, eu li um comentário no Instagram que achei um tremendo absurdo, mas, com o passar do tempo, saquei o que o mensageiro quis dizer. Ele falou que Exu não tem sentimento algum pelo ser humano e que a função dele é apenas fazer o que deve ser feito. É triste, mas hoje eu concordo.

Vamos imaginar que nessa situação, em vez de Oxum, seria Exu. Ele agiria igual. Sem um pingo de sentimento pelos ingratos que lhe deram as costas, mas, caso eles precisassem, ele estaria lá para ajudar. A função de Exu no universo é conectar as coisas.

Essa passagem de Oxum mostra o quanto o autocontrole não só nos ajuda a manter o amor-próprio, mas também nos leva a um grau profundo de humanidade. Quantas pessoas inocentes estavam sofrendo com aquela seca? A população inteira era ingrata? Certamente não. Foi a humanidade de Oxum que a fez devolver a chuva para o seu povo. Foi o amor-próprio de Oxum que lhe deu autocontrole para tomar uma decisão sensata. Foi o autocontrole que reforçou que ela é dona da própria vida, que ninguém dita suas ações, que ela é quem quer ser, faz o que quer, age como quer. Por isso, ela é gigante, expressiva, marcante e essencial.

A PARTIR DO MOMENTO EM QUE A GENTE SE COLOCA EM PRIMEIRO LUGAR, ISSO É EXU, PORQUE EXU É O PRIMEIRO, O INÍCIO DE TUDO.

MÃO NO EBÓ

Pratique o hábito de ter autocontrole mantendo-se fiel a si mesmo e depois aos outros.

- Sempre que errar, admita, peça desculpas, e faça isso de coração aberto. Seja sincero, entusiasmado e coerente com seus sentimentos, palavras e ações.
- A mensagem é mais importante que o mensageiro. Isso quer dizer que, se alguém te criticar, falar algo que você não goste ou te apontar, não leve para o lado pessoal. Analise se o comentário tem fundamento, tente compreender por que o outro falou isso, agradeça a crítica e faças as correções, se achar necessário.

Que Oxum te faça brilhar como ouro!
Que Exu não te manipule!

capítulo dez

EXU E OSSAIN: IR ALÉM DO ESPERADO

Não tem como falar da filosofia dos Orixás sem fazer uma associação direta à medicina espiritual, e, quando falamos de saúde integrativa (espírito, mente e corpo), surgem diversos Orixás ligados a essa temática. Entre eles, está Ossain (Òsányìn), o curandeiro e médico dos Orixás.

É através do provérbio "sem folha, nada podemos; sem folha não teríamos Orixá" que reconhecemos a importância dele para a cosmologia iorubá. Ossain é um curandeiro e bruxo poderoso com vasto conhecimento das ervas e folhas, de encantaria e feitiçaria, considerado irmão de Òrúnmìlà-Ifá.

Ossain é um Orixá bem controverso. Embora em algumas histórias ele seja representado como um espírito sábio e humilde, outras o mostram como egoísta e arrogante. Na filosofia que o circunda encontramos diversos ensinamentos que promovem o progresso e a ascensão do ser humano e que nos fazem questionar a postura que devemos adotar diante da vida.

O Ifá nos conta que Ossain caiu do Òrún e mergulhou em uma cidade chamada Ìràwò (estrela, em iorubá). Cair em um lugar cujo nome significa estrela traz um significado ainda mais profundo para o fato: assim como esse corpo celeste, ele se tornou o primeiro impulso de todas as formas de vida do reino vegetal. Seu nome é composto por *sán*, que significa "aumento da saúde", e *yin*, que significa ferver ou construir com o auxílio do fogo.[35]

O Òtúrúpòn méjì diz que a abundância vem do trabalho duro, porque só assim valorizamos os nossos resultados. Porém, a tendência é a de que, ao alcançarmos esses resultados, nos tornemos egoístas a ponto de não querer dividir nosso conhecimento com ninguém. Ossain agiu exatamente assim, e essa má conduta é retratada na passagem que conta que Oyá espalhou seus segredos pelo mundo, e em outra em que Exu arranca-lhe partes do corpo por ele não querer compartilhar seu conhecimento.

Os Orixás proveem tudo de que precisamos para termos uma existência mais leve e tranquila no *Àiyé*, mas devemos entender essa leveza não como facilidade (porque nossa cultura defende a ideia de que somos desafiados diariamente, e é nossa obrigação vencer esses desafios), mas como uma forma de encarar as provações como se fossem a escada para o progresso. Essa medicina não é só espiritual; mas mental e física também.

A árvore mais forte da floresta não é a que está mais protegida do vento, e sim aquela que está exposta

Desde criança, Ossain tinha a mata como seu parque de diversões. Conhecia todas as árvores, folhas e seus segredos. Sabia o encantamento de cada uma delas. Com o conhecimento adquirido das folhas, preparava compostos medicinais, chás e banhos que carregava em cabacinhas.

Um belo dia, ele resolveu ganhar o mundo transportando esses preparados mágicos e aplicando cura por onde passava. Sua fama de grande curandeiro correu os quatro cantos do *Àiyé*, e ele passou a ser procurado por todo tipo de gente. Ele até mesmo salvou a vida de um rei que, em troca, quis lhe dar muitas riquezas. Ossain não aceitou, disse que só queria receber o valor justo devido a qualquer médico ou curandeiro.

Passou-se um tempo, sua mãe ficou doente, e seus irmãos foram buscá-lo para tratar dela. Ao chegar ao local, com sua família carregando suas folhas e frascos de remédios, estipulou um pagamento de sete *cauris* (búzios) pela cura. Os irmãos ficaram escandalizados com a exigência, porém, mesmo discordando, pagaram a quantia pedida e a mãe foi salva. Ossain sabia que o dinheiro era parte da magia. O dinheiro tem seu encantamento que nem mesmo ele podia mudar.[36]

Apesar de ser natural as pessoas procurarem fazer o mínimo possível, existem diversas razões pelas quais devemos desenvolver o hábito de ter resultados além do esperado. Vou citar algumas delas:

1. Quando você atinge a fama que vai além do esperado, sai na frente em relação aos demais e tem poucos concorrentes, não importa em que você trabalhe;
2. A razão é que deve nortear o motivo pelo qual você deve buscar fazer além do esperado. Se levar em conta as emoções, poucas vezes entregará o seu melhor. Vou dar um exemplo rápido. Vamos supor que você precisa emagrecer, a razão lhe dirá: coma menos e gaste mais, certo? Se for levar isso para o ponto de vista da emoção, certamente se sabotará. Em algum momento, o desejo de comer mais

e não gastar energia vai chegar. Se a sua razão não tiver bem ancorada em sua mente, você não faz o seu melhor;

3. Ao fazer o seu melhor, você sabe que cumpriu a sua parte, e, assim, fica imune a críticas, questionamentos e maldizeres. Eles continuarão existindo, porque não tem como agradar a todos, mas não conseguirão te atingir.

As respostas estão sempre na natureza. A árvore mais forte da floresta não é a que está na sombra, mas a que está exposta ao sol, à chuva, à poeira, ao vento e a todo tipo de intempérie. E isso se aplica àqueles que dão o seu melhor no que fazem, pois é preciso resistir aos desafios do cenário e continuar dando folhas, frutos e fazendo sombra. Esta lei da natureza é implacável: só se desenvolve força através da resistência.

Quando eu li esse *itan*, muitas consciências chamaram a atenção do meu Orì:

1. Ossain exigia somente o justo pelo seu trabalho. Não devemos cobrar nem pouco nem muito pelo que fazemos, apenas o justo. E deve-se levar em conta o encantamento causado na outra pessoa. Devemos ser honestos, também, quanto à potência desse encantamento;
2. Temos que "entrar mata adentro" e conhecer a fundo o nosso trabalho. Sermos os melhores dos melhores. Só assim a fama de que somos bons no que fazemos vai correr longe;
3. Muitas pessoas estão fazendo o mínimo esforço no trabalho. Certamente existiram outros curandeiros que não obtiveram tantos resultados, e isso favoreceu Ossain, que estava sempre disposto a ir além do esperado. Esses quilômetros a mais que ele corria o faziam ficar à frente;

4. Ir além do esperado também tem a ver com iniciativa e liderança. É o que nos faz atrair pessoas que estejam dispostas a nos seguir;
5. Parentes e amigos também têm que pagar pelo nosso serviço; o ato de pagar também tem sua magia, seu axé. E esse axé nada mais é do que movimentar Exu. <u>Quando não cobro pelo que faço, Exu não está presente. Ele deixa claro que tudo funciona na base da troca.</u> E, se Exu não está presente, já sabe que nada de bom vai sair daí.

Quem me acompanha há um bom tempo, no meu perfil no Instagram,[37] sabe que eu sempre relatei que autoestima era a pedra no meu sapato. E isso não se limitava a não estar confortável com o espelho; a falta dessa danada me fez jogar fora anos de talento que poderiam ter sido revertidos em dinheiro, e eu não teria passado certos apertos. Mas é aquela velha história, né? Quem tem Orixá nunca fica sem respostas para nada nessa vida. Elas podem até demorar, mas uma hora chegam.

Um belo dia me peguei fazendo quase a mesma coisa que eu vi minha mãe fazer uma vez: dar o guarda-chuva para alguém depois que passasse a chuva só para não ter que carregá-lo. Eu não sei você, mas, desde que me entendo por gente, sempre tive pavor de carregar guarda-chuva. Já perdi tantos nessa minha existência, e isso tudo porque minha autoestima me impedia de reconhecer o valor e o meu suor para poder comprar esse e tantos outros objetos.

Nessas horas de expansão de Orì, a gente percebe o quanto nossos ancestrais podem influenciar em nosso sucesso financeiro. Por ter sido criado principalmente pela minha mãe e durante muito tempo ter visto esse "jeitinho peculiar" dela de doar as coisas que não precisavam nem deviam ser doadas, esse comportamento foi transferido para mim. E isso fez com que eu crescesse tendo uma superdificuldade de dar valor para o dinheiro, e isso inclui não saber cobrar pelo meu trabalho.

Acredite: muitas pessoas não sabem cobrar pelo trabalho, e talvez você seja uma delas. Há vários motivos para isso, seja os familiares, como o que citei anteriormente, seja ainda por falta de autoestima, por achar que seu trabalho não é tão bom assim, por falta de conhecimento do quanto profissionais como você valem no mercado ou simplesmente por não ter resultados além do esperado.

Vivendo num país marcado por uma cultura colonial, não fomos preparados para entender a dinâmica do dinheiro na nossa vida, tampouco como viver tranquilamente no capitalismo, um sistema em que a gente meio que precisa ser um jogador para poder sobreviver.

Por isso que Exu é essencial. Além de atrair o axé do dinheiro para nossa vida, ele nos ensina habilidades essenciais para a prosperidade: saber se comunicar, saber negociar e saber vender são algumas delas.

A lei da natureza é clara: esforço traz poder

Por que, mesmo sabendo que ir além do esperado é mágico, ainda utilizamos pouco desse recurso? Na verdade, somos ensinados desde cedo que, ao fazermos mais do que o esperado, somos bestas ou estamos sendo passados para trás. Em *As leis do sucesso*, Napoleon Hill dizia que, em todas as negociações, independentemente do tipo, a natureza assumia a parte silenciosa de estar presente nessa transação. Ou seja, ela se encarrega de que todos os acordos sejam cumpridos, assim nenhuma boa ação é perdida. *Grosso modo*, se você dá o melhor de si, será recompensado de uma forma ou de outra.

Imagine que você é um agricultor e está plantando inhames. Para isso, você prepara a terra com cuidado e a protege das ervas daninhas e das pragas. Enquanto espera colher os frutos do que plantou, continua plantando mais e mais e, daqui a pouco, a natureza começa a te dar as primeiras raízes. Um pouco mais à frente, outras raízes nascem... e mais outras. A médio/longo prazo, isso se torna um ciclo no qual a natureza sempre vai te dar cada vez mais. Se você mantém esse princípio da excelência, a terra se torna uma fonte inesgotável.

Agricultores sabem que, se a terra não prover mais do que o esperado, não vale a pena semear, já que plantar requer conhecimento, cuidado e paciência... é trabalhoso demais! E, mesmo assim, devido às circunstâncias naturais, ainda que a colheita não saia tão bem em um ano, o agricultor é beneficiado pela abundância no ano seguinte. Essa lei da natureza se aplica a todas as áreas da vida, mesmo que não tenham ensinado isso para a gente. Não adianta: *só colhemos além do esperado quando damos o nosso melhor no plantio*.

Um mito bastante conhecido no Candomblé narra que Exu se tornou rei das encruzilhadas depois de ter passado dezesseis anos observando o trabalho de Oxalá na criação dos seres humanos. Quando lhe foi designada essa responsabilidade, ele a executou com excelência. Só precisou observar e ser paciente. É uma regra simples, mas, com o tempo e a maturidade dentro do culto a Orixá, você entende que sucesso é uma sequência de regras simples.

Quando você se dispõe a fazer aquilo que é só a sua obrigação, não há nenhuma força espiritual que justifique um retorno extraordinário. Mas quando, por vontade própria, você faz mais do que o esperado, sua ação atrairá a atenção daqueles que são diretamente afetados por ela.

Exu foi além do que Oxalá esperava, e estabeleceu uma boa reputação. Quando agimos dessa forma, avançamos e, inevitavelmente, a natureza, de forma silenciosa, trabalha a nosso favor, uma vez que a nossa boa reputação vai atrair mais pessoas interessadas no nosso trabalho e no que fazemos. Ossain agiu como Exu (de forma talvez até despretensiosa) ao se tornar o melhor feiticeiro daquele lugar.

Temos a falsa ideia de que estamos sendo bobos quando vamos além das expectativas, mas essa é uma oportunidade não só de expandir o que fazemos como também de estarmos prontos para prestar o serviço daqueles que se esquivam por não fazer mais do que para o que são pagos. *Ir além sempre será o melhor caminho.*

Confesso para você que levei muitos anos para entender e internalizar essa premissa básica da natureza, e só consegui trazer isso para a minha vida quando, pela óptica de Exu, percebi que *tudo no universo gira em torno de trocas justas*. Ou seja, se eu dou o meu melhor, automaticamente o melhor vem para mim. Ok, isso é óbvio. Mas, quando entendo que fazer isso é uma forma de cultuar Exu (já que as minhas ações vão atrair um retorno equivalente), passo a olhar para minhas atitudes de outra maneira. E começo a entender que eu sou o responsável pelos resultados que a vida me apresenta. Isso me coloca nessa posição de autoliderança, de dono da minha própria vida. Dolorido, mas libertador.

Observe que Ossain nunca quis nem menos nem mais do que o combinado no que diz respeito ao dinheiro. Apenas o justo. Mas ia além do esperado, uma vez que era um exímio conhecedor dos segredos da encantaria. Ele praticava as trocas justas e, também, era abençoado pela natureza silenciosa que não deixa nenhuma atitude grandiosa passar em vão. "Tome aqui seu remédio, me dá cá o meu dinheiro. Mas o meu remédio realmente vai te curar." Sem emoção, apenas razão, apenas o óbvio de alguém que tinha segurança e autoconfiança no que estava fazendo.

E aqui entramos em outra perspectiva: <u>quando somos justos com as trocas, também nos destacamos, também ganhamos notoriedade</u>, porque, no fim das contas, *o ser humano, mesmo que não pratique, aprecia a reciprocidade*. Existe uma tendência natural das pessoas de nos enaltecer quando sentem que estão sendo beneficiadas, e isso se dá simplesmente por um senso (ou posso chamar de desejo inconsciente?) de exercer uma troca.

Colha e ensine a plantar

Conta-se uma história de que Ossain recebeu a visita de Exu, para que entregasse os segredos místico-medicinais ao grande mensageiro. O feiticeiro se recusou a compartilhar seu conhecimento, o que fez Exu lhe arrancar uma perna, um braço, um olho e a voz. Esse encontro nada agradável com Exu, além de se ver despojado de seus segredos, fez com que, a partir de então, Ossain só pudesse falar através dos pássaros.

Outro conto narra que, em certa ocasião, Ossain também se negou a revelar os seus segredos e se isolou na mata para não compartilhar o que sabia. Oyá, através do vento, sacudiu toda a sua casa, e todos os seus segredos foram espalhados pelo *Àiyé*.

Nessas duas passagens mitológicas, vemos um pouco da personalidade egoísta desse Orixá. E, de certa forma, também tiramos uma valiosa lição sobre ir além do esperado: *nada do que descobrimos e do que criamos é nosso. Temos que partilhar.*

Existe uma consciência espiritual e ancestral nos guiando o tempo todo, o que quer dizer que tudo que chega até nós através da nossa intuição são expressões do Divino em nossa corporeidade e, como tal, precisam estar a serviço e benefício das pessoas.

Quando não dividimos o que aprendemos, perdemos olhos, braços, pernas... e não movimentamos Exu, porque ele é quem transporta a mensagem dos deuses para os humanos, e vice-versa. Se estou sendo canal de Orixá e retenho informações, estou impedindo que Exu cumpra o seu ciclo, que é levar a mensagem para quem ela deve ser levada. Como é que Exu trará a mensagem dos Orixás para mim se eu não o deixo levá-la para outras pessoas através de mim? Não faz sentido.

Segundo o que nos ensinam, jamais devemos dividir nossos segredos e nossos encantamentos porque temos medo de sermos roubados, quando, na verdade, roubam nossa magia quando não compartilhamos o que o Divino envia até nós. Perdemos força, perdemos axé. Observe como é a energia daquela pessoa que ama dividir conhecimento e a energia daquela que o retém. A diferença é gritante! Observe como é a prosperidade daquela pessoa que ama dividir o que aprende com o Divino daquela que nem se esforça em aprender e, quiçá, ensinar.

A filosofia dos Orixás nos mostra que estamos todos conectados de alguma forma, e essa conexão faz mais sentido quando entendemos os princípios básicos de amor e respeito com a natureza. A gente colhe o que planta, mas a gente também colhe quando ensina a plantar. Colaborar com o crescimento e com a cura do outro é ter Ossain e Exu atuando em nosso favor.

A GENTE COLHE O QUE PLANTA, MAS A GENTE TAMBÉM COLHE QUANDO ENSINA A PLANTAR.

COLABORAR COM O CRESCIMENTO E COM A CURA DO OUTRO É TER OSSAIN E EXU ATUANDO EM NOSSO FAVOR.

MÃO NO EBÓ

Vou te propor o seguinte desafio: durante os próximos sete meses, a partir desta leitura, você vai se comprometer com duas coisas comigo:

1. Oferecer mais do que lhe for solicitado;
2. Não esperar recompensa financeira por isso.

Dê o seu melhor por convicção de que você está movimentando um axé mágico. Independentemente de qualquer coisa, você será recompensado, pois a natureza está, de modo silencioso, sendo justa em seus acordos.

Lembre-se de que dar o melhor de si é um compromisso seu com Exu. Nada tem a ver com o outro, tampouco com o quanto ele te paga.

Você me conta se você se comprometeu com esse nosso pacto? Poste uma foto deste capítulo em seus stories e me marque (@oorixaquehabitaemmim) com a frase: "Ossain e Exu por mim". Vou te emanar meu axé de lá!

Aguardo notícias suas.

Que Exu não te manipule!

capítulo onze
EXU E YEMANJÁ: EMPATIA CONSIGO E COM O OUTRO

Um mito[38] conta que o Sol, desde que o mundo foi criado, não teve um segundo de descanso. Privado de sono, estava cansado, exausto de tanto trabalhar. Por isso, estava maltratando a Terra, que ardia dia após dia. As plantas já não nasciam mais e os humanos começaram a morrer.

Os Orixás, preocupados não só com a Terra, mas também com o cansaço do Sol, reuniram-se para encontrar uma saída. Quem veio com a solução foi Yemanjá. Ao que parece, já prevendo que o Sol poderia passar por isso, ela guardou sob as saias alguns raios do astro e os lançou sobre a Terra. Em seguida, aconselhou ao Sol que fosse descansar.

Por serem mais fracos que o Sol em sua totalidade, esses fragmentos de seus raios deram origem a um novo astro: a Lua, que assumiu a responsabilidade de iluminar a Terra enquanto o Sol descansava. Sua luz fria refrescou o planeta, e, assim, os seres humanos, os animais e as plantas não pereceram no calor. Foi graças à empatia de Yemanjá que o Sol pôde dormir.

Yemanjá é um dos Orixás mais conhecidos do planeta, principalmente por ser um "Orixá padroeiro" de países muito conhecidos, como Brasil e Cuba. Ela é uma força da natureza que assume condição espiritual, e tudo que diz respeito à vida marinha está associado a ela. Tudo que está dentro do mar e ao redor dele é considerado sagrado por estar em seus domínios.

Sua transcendência no mundo é nítida por sua capacidade de conectar água e terra, pois é através de suas ondas que ela possibilita que esse mistério aconteça. O culto a ela se estabeleceu em Abeokutá (Nigéria), e começa no grande rio Ogum, que é onde sua história e filosofia ganham força. Conhecida como uma feiticeira arquetípica, além do oceano, é associada à Lua, à prata, ao chumbo e a tudo que é transparente. Aqui, na diáspora, ela é conhecida como a mãe de todos os Orixás e assume diversas formas, como as de sereia, peixe, raia, baleia, algas, corais, entre outras.

O oceano representa a memória e os começos e, por isso, Yemanjá se tornou a rainha das águas. Ela também é associada ao útero, que é sempre fértil, por isso a ligação e a semelhança com o oceano. Ela é tanto a continuidade de tudo que existe quanto o axé das novas formas, diferentes e cambiantes, sendo o espírito que supervisiona a adaptação cultural.[39]

Meu encontro com Yemanjá foi bastante controverso. Desde que entrei no Candomblé, não a entendia muito bem, porque eu não tinha nenhuma conexão com o mar. E, de certa forma, encarar Yemanjá me colocava na posição de ter contato com um lugar para o qual eu não gostava de ir. Quando me foi comunicado nos búzios que ela seria minha Orixá Juntó, além de ter entrado em uma profunda crise existencial, eu não entendi de jeito nenhum por que ela apareceria ali.

Em algumas tradições de Candomblé Ketu (em que se inclui a tradição de onde vim), o Orixá Juntó ou Adjunto/Adjuntó é seu segundo Orixá. Acredita-se que ele tem a missão de atuar na nossa existência como um parceiro do Orixá principal, nosso Orixá de cabeça. Alguns sacerdotes e estudiosos defendem a ideia de que o Orixá Juntó é a maneira como a gente se expressa no mundo, como as pessoas nos veem – e isso está muito ligado ao nosso campo emocional. Olhando por essa perspectiva, fez muito sentido para mim entender por que Yemanjá apareceu "do nada" em minha vida depois de muita resistência minha com sua presença.

Nos oito anos em que estive no Candomblé, ouvi muita gente dizer que não tinha conexão com determinados Orixás, e aquilo me soava tão estranho (mesmo vivendo isso também). Eu pensava que, por Orixá ser força da natureza e habitar em todos nós, não fazia sentido que não tivéssemos alguma conexão com eles. De alguma forma, os Orixás fazem parte de todos nós, sem exceção.

O tempo, a vivência e a observação foram me mostrando que a presença de determinados Orixás em nossa vida e o desconforto e a desconexão que alguns deles causam dizem muito sobre coisas que precisamos curar em nós mesmos. Comigo não foi diferente: Yemanjá está em minha jornada para me curar de diversas coisas, entre elas a falta de empatia com o próximo e comigo mesmo.

Alcançaremos tudo o que quisermos se ajudarmos as pessoas a alcançarem o que elas querem também

Você pode não ser uma pessoa tão carismática e bem-humorada, mas se tornará extremamente interessante se nutrir um profundo desejo e interesse pelo outro. E interesse não apenas no sentido carnal ou afetivo, mas também no de fazer com que o outro se sinta importante. Essa, sem dúvida, é uma das maiores habilidades que alguém pode desenvolver. Yemanjá ganhou o domínio da Lua por ter se interessado pela dor do Sol. Ela não é rainha dos oceanos à toa. Yemanjá não é o Orixá mais conhecido do planeta à toa. Pode acreditar.

Eu me lembro que, em determinada ocasião, eu estava em uma paquera e a pessoa chegou para mim e, antes de iniciar uma conversa mais profunda, me perguntou: "Quais são os assuntos que você gosta de conversar?". Na mesma hora, pensei: *Uau, essa pessoa realmente está interessada não só em mim no sentido visual/carnal da coisa, mas ela se preocupa em fazer com que me sinta importante, ouvido, em que eu trate de coisas de que realmente gosto*. Perceba como o uso das palavras certas faz a gente mudar a maneira como nos enxergam. O contato com essa pessoa me fez virar uma chave absurda em meu Orì, principalmente no que diz respeito às relações em seu contexto geral.

Depois disso, agi com reciprocidade e também quis saber quais eram os assuntos interessantes para ela. Com isso, desenvolvemos um ambiente saudável para que nossos desejos e sentimentos pudessem se manifestar. Como ela conseguiu isso? Através da empatia – mesmo que inconscientemente, a pessoa buscou primeiro me compreender, para depois ser compreendida. Ela deu importância aos meus assuntos para depois expor os seus. Ser empático não é o mesmo que ser simpático. A simpatia tem a ver com a nossa personalidade, age no campo das aparências e pode, inclusive, ser falsa. Já a empatia acontece de forma mais profunda. Para ter empatia, você precisa compreender o outro. A pessoa era de Yemanjá.

Todos nós somos o Sol que cansa, se estressa e, por vezes, machuca as pessoas. Todo ser humano tem necessidade de ser ouvido, admirado, respeitado, incentivado, valorizado e paparicado. Temos uma tendência natural a gostar mais das pessoas que nos ouvem com respeito, nos dão atenção e mostram interesse pelos assuntos de que gostamos. Quando esse desejo é satisfeito em nós, naturalmente temos vontade de nos debruçar sobre os assuntos que são interessantes para o outro.

Essa experiência de empatia, interesse e troca justa me fez compreender que o único meio de desenvolver uma personalidade agradável (e, com isso, facilitar o acesso às coisas que você quer) é interessar-se de forma verdadeira por aquilo que habita o coração do outro. Assim como Yemanjá fez em relação ao Sol, precisamos nos esforçar para compreender os outros e, então, seremos compreendidos. Alcançaremos tudo que quisermos se ajudarmos as pessoas a alcançar aquilo que elas querem também.

Espelho-Exu: fique mais feliz quando passar a ver menos os defeitos dos outros e ver mais os seus

No Candomblé, é comum ouvir algumas histórias em que Yemanjá – mais precisamente no epíteto de Yemanjá Sobá – é mãe de Exu. Como tudo que circula o universo mítico dos Orixás, não podemos dizer se é ou não verdade, mas, de fato, é comum encontrar semelhanças entre os dois. Quero esticar um pouco esse assunto, estando em meu lugar de fala, como uma pessoa que tem Yemanjá Sobá como Orixá Juntó e como um Èlèsù. Nesse contexto de empatia, quero que você reflita comigo sobre a

TODOS NÓS SOMOS O SOL QUE CANSA, SE ESTRESSA E, POR VEZES, MACHUCA AS PESSOAS.

autoempatia e o *abebé*, o espelho, como símbolo dessa virtude que devemos desenvolver conosco.

Vira e mexe, me pego pensando na quantidade de mudanças internas que me ocorreram desde que Yemanjá chegou na minha vida. Sempre fui muito inseguro com uma série de coisas: aparência física, ideais, condição social, intelectualidade etc. Todas essas inseguranças foram instaladas na minha infância. Fui uma criança que cresceu em um ambiente familiar complicado, o que me criou um bloqueio com uma série de coisas. Por conta das minhas inseguranças, apanhei na escola, fui motivo de chacota para alguns professores e cheguei a sofrer violência por alguns deles. Eu detestava ir à escola porque sabia que todo dia seria mais um dia para ser excluído, zombado e silenciado.

Foram anos difíceis nos quais eu ainda era obrigado a estudar e tirar notas acima de oito, pois meus pais faziam um sacrifício enorme para pagar a escola e exigiam que eu fosse um bom aluno. Meu primeiro contato com bruxaria veio justamente nessa fase, por volta dos meus 10 anos, quando eu comprava revistinhas de simpatia nas bancas e fazia as mandigas em casa na tentativa de preparar "uma poção mágica" que fizesse todos aqueles adultos pararem de me silenciar.

Ao ouvir esses relatos, alguns devem pensar: *Nossa, esse menino devia ser bem problemático.* Acredite você: os problemas que eu criava eram porque eu questionava tudo o que tentavam me empurrar goela abaixo. Eu não aceitava de jeito nenhum. Essas pessoas, por se sentirem superiores a mim, usavam de suas posições para me anular. Até hoje, tenho dificuldade de receber ordens. Aliás, não sei receber. Não aceito que me digam o que devo fazer. Não faço nada sem negociar. É o meu jeito.

Virei um adulto cheio de inseguranças que necessitava, de todas as formas, que as pessoas gostassem de mim. Se você vive ou já viveu algo parecido, sabe como dói estar nessa posição. A gente se esconde sob uma falsa roupagem de que estamos sendo pacíficos e queremos nos dar bem com todo mundo, mas a verdade é que não temos autoestima alguma para nos posicionar. A falta de posicionamento (que vem da falta de autoempatia) nos coloca em uma posição que Orixá nenhum quer que estejamos: o da omissão.

Todos os Orixás se tornaram Orixás porque desafiaram o óbvio e não deixaram que ninguém os calasse nem que os fizessem de bobo. Toda vez que você agir como trouxa, lembre-se: seu Orixá está chorando de desespero.

Conhecer e viver com Yemanjá me trouxe um profundo entendimento disso tudo. Foi o que me fez perceber como eu poderia virar o jogo a meu favor. E é aqui que entra o conceito da autoempatia, de ter esse olhar mais cuidadoso com nós mesmos, de estar atento às próprias necessidades como se fôssemos outra pessoa olhando de fora.

O espelho de Yemanjá me ensinou que eu não vou agradar todo mundo porque as pessoas vão me amar e me odiar pelos mesmos motivos. Conhecer essa verdade foi libertador. Libertador porque o conceito de bem e mal, certo e errado é MUITO relativo. É aqui onde eu vejo o quanto Exu habita em Yemanjá.

Sem dúvidas, Exu é o Orixá mais controverso de todo o panteão iorubá. Alguns o consideram mau, outros o consideram bom, outros o consideram neutro: nem uma coisa nem outra. Em grande parte da literatura que existe sobre Exu, escrita por pessoas sérias que estão distantes de quaisquer ideais cristãos, Exu é retratado como um ser ambíguo, ou seja: bom e mau.

E só reforçando: o bem e o mal são relativos, dependem do olhar de cada um.

Um provérbio iorubá traz luz a essa atribuição dada a Exu: *Olóòótó ni òtá ayé* (Quem diz a verdade é inimigo dos seres). Como Èlèsù, hoje posso afirmar que nós, partículas de Exu, somos ambíguos: bons e maus ao mesmo tempo. Ao recebermos o axé desse Orixá em um processo iniciático e cultivar suas virtudes em nosso dia a dia, nos tornamos incríveis para uns e terríveis para outros. Não há como fugir disso. Essa concepção vem do fato de que, assim como Yemanjá, Exu também é um espelho que nos mostra, o tempo todo, no que somos bons e no que devemos melhorar.

O Espelho-Exu nos faz brilhar quando aceitamos que somos reflexo das pessoas que encontramos na nossa jornada. Observe que, geralmente, é por motivo parecido que admiramos aqueles que mais nos admiram. O mesmo vale para os que mais nos detestam.

Falei anteriormente exatamente sobre isto: como cada pessoa enxerga Exu de uma forma, o que também se estende a nós. Cada um nos enxerga do próprio ponto de vista, que é oriundo de uma série de coisas. E, acredite, há beleza nisso, porque somos espelho.

Na oralidade disponível em boa parte das tradições de Candomblé, Yemanjá Sobá é um epíteto de Yemanjá, que se mostra uma senhora doce, mas que, ao mesmo tempo, assume a postura de "se mexer comigo, eu te afogo sem remorso". Yemanjá também é ambígua, o que a faz ser considerada por muitos neutra: nem boa nem má.

Conta um *itan* que Sobá perdeu um filho que foi vítima de muita inveja. Ela tentou salvar a vida dele de forma pacífica, mas não conseguiu. Assim, inundou a Terra com suas águas salgadas e deixou claro que os homens só habitariam o Àiyé quando ela quisesse. Quem destruiu a humanidade pela primeira vez foi Yemanjá Sobá.

TODOS OS ORIXÁS SE TORNARAM ORIXÁS PORQUE DESAFIARAM O ÓBVIO E NÃO DEIXARAM QUE NINGUÉM OS CALASSE NEM QUE OS

FIZESSEM
DE BOBO.
TODA VEZ
QUE VOCÊ
AGIR COMO
TROUXA,
LEMBRE-SE:
SEU ORIXÁ
ESTÁ
CHORANDO
DE DESESPERO.

A gente até pode pensar: *Nossa, que malvada, hein?* Mas esse ato de fúria sempre me lembra das vezes que tentei conseguir as coisas pacificamente e nunca deu certo. Das vezes que as pessoas se aproveitaram da minha atitude *good vibes* e, logo depois, eu fiquei com ódio de mim por ter sido tão idiota. Das inúmeras vezes que fiz de tudo para agradar, ser amado e querido e só me desgastei e fui colocado no canto como objeto decorativo.

Yemanjá me convenceu de que eu não nasci para ser coadjuvante no rolê. Eu nasci para brilhar, para fazer a diferença. Por isso, preciso ter empatia por mim mesmo, me posicionar, deixar claro quem eu sou. E isso quer dizer que por vezes eu vou me banhar, e em outras eu vou me afogar.

Sobá é a mãe guerreira que se vingou de toda uma humanidade por ter perdido seu filho injustamente. É isso que essa Iyagba faz quando alguém comete injustiça contra os seus: ela vai lá e o afoga. É isso que Exu faz quando cometemos injustiça com alguém (ou vice-versa): ele vai lá e o queima.

O tsunami mais devastador até hoje, considerando-se o número de mortes, ocorreu na costa norte da ilha de Sumatra, Indonésia, em 26 de dezembro de 2004. Nessa catástrofe, estima-se que houve 227.898 mortos e desaparecidos, e que 1,7 milhão de pessoas ficaram desabrigadas. Esse desastre causou um prejuízo de 9,9 bilhões de dólares.[40]

Agora, pasme, entre todos os lugares do mundo, a ilha de Sumatra é uma das que mais poluem o mar. Diariamente, os indonésios usam 93 milhões de canudos e os descartam no mar, comprometendo a vida marinha e, consequentemente, a vida humana.[41] É coincidência um local em que as pessoas não respeitam o mar ter sofrido tal barbárie? Óbvio que não. O mar também é Exu. Ele age com trocas justas.

Aqui vemos o quanto as pessoas que habitam a Sumatra, por uma falta de consciência do todo, não desenvolvem a autoempatia e, consequentemente, não têm empatia pelo meio ambiente. O resultado poderia ser favorável? Não tem como.

Então vamos olhar para o banho do mar como as benesses, as bênçãos, o axé, a prosperidade. O afogamento, os tsunamis são as maldições, o contra-axé, a escassez. Se eu não tenho empatia por mim mesmo, não consigo ter empatia pelo outro, e muito menos com o meio ambiente. Se não me olho no Espelho-Exu que mostra toda a verdade sobre mim (boa e má), jamais conseguirei compreender o outro, entender as suas necessidades e agir com benevolência.

Hoje, posso dizer com segurança que alguns familiares, colegas de escola, professores, "amigos" e tantos outros se afogam quando me encontram porque eu não só venci suas maldades, como nunca deixei que elas me tornassem um ser humano ruim e amargo. Enquanto elas pisam com calma no mar para não serem levadas pelas ondas, eu sou o mar inteiro.

Yemanjá é minha voz, minha força e minha ousadia. Ela não permite que eu abaixe a cabeça para ninguém. Ela me lembra de que todos aqueles que se voltam contra mim beberão da sua água salgada e morrerão afogados.

Somente nos tornamos fonte de água cristalina quando nosso caráter reflete positivamente através da nossa comunicação

Se você parar para analisar, temos uma tendência natural a impor nossos sentimentos e desejos sobre os sentimentos e desejos do outro. Quer ver um exemplo? Quando alguém vem nos contar um problema, muitas vezes já o interrompemos e lhe dizemos o que fazer. Tentamos ajudar a partir da nossa experiência (que não deixa de ser válida) e, às vezes, nos esquecemos de ouvir, de tentar compreender o outro e enxergar o problema do ponto de vista dele.

Nessa ânsia por opinar e direcionar a pessoa na tentativa de ajudar, não temos tempo de mergulhar no outro, de tentar compreender suas percepções e pontos de vista. E por que a empatia é tão necessária para desenvolvermos relações saudáveis e, assim, avançarmos na vida? Porque os relacionamentos energeticamente potentes (não importa qual sejam) só acontecem quando há compreensão.

Convivendo com pessoas diferentes ao longo dos anos, seja no ambiente familiar, seja no profissional, virtual ou religioso, aprendi que precisamos criar um entendimento mútuo para as mais diversas questões. Só assim conseguiremos extrair o que há de melhor de cada um com quem convivemos.

Na filosofia dos Orixás, acredita-se que o homem só poderá ser feliz e abençoado pelos deuses quando ele praticar o Ìwá Pèlé, o bom caráter. Por sermos uma tradição de cultura oral, a comunicação é uma manifestação do nosso caráter. O que sai da nossa boca pode nos abençoar ou nos amaldiçoar.

A empatia basicamente é o resultado da maneira como ouvimos o outro. E ouvir também é comunicação. Se você só fala e não ouve, não se comunica, pois para isso é preciso uma via de mão dupla. É dessa relação que surge o estado de compreensão, uma das características essenciais para nos tornarmos pessoas de personalidade agradável e, consequentemente, nos conduzir à vitória.

Acho bem engraçadas as coincidências da vida. Quando paro para analisar as pessoas à minha volta, as devotas de Yemanjá são as melhores ouvintes que eu poderia ter. Sempre digo que só tenho uma certeza na vida: sempre estarei rodeado das mulheres de Yemanjá, e elas estarão me ouvindo sem julgamentos e, na maioria das vezes, rindo dos meus relatos. Morrerei dizendo: Yemanjá é uma exímia comunicadora.

Há pontos essenciais para nos tornamos bons ouvintes (e consequentemente bons comunicadores):

1. Ouvir com respeito e sem julgamento;
2. Somente interferir se o intuito for compreender o outro;
3. Entender o sentimento que está por trás das palavras.

Precisamos colocar nosso coração na nossa comunicação. Ouvir, acolher, banhar e mostrar ao outro o que ele tem de bom. Essa psicologia toda quer nos ensinar a analisar as pessoas de forma materna, respeitando e compreendendo a individualidade de cada um. Através desse caminho, poderemos flutuar em uma personalidade agradável. Quando entendemos isso, fica muito mais fácil alcançarmos o que quisermos.

Apesar de este livro não ser um manual de coaching (mesmo parecendo, e quem me conhece sabe que sigo essa linha e sou muito bem resolvido, obrigado), quero deixar aqui um tópico de comunicação essencial para praticar essa empatia e, consequentemente, atrair *Aje* (prosperidade) para a sua vida: não tente impressionar!

A melhor forma de impressionar alguém é não causar impressão alguma. Vou te contar que esse foi um dos aprendizados mais difíceis que Orixá me trouxe. Não tente mostrar sua intelectualidade nem que você tem um bom senso de humor. Dê espaço para que a outra pessoa revele para você o melhor que há dentro dela. Esta é a melhor maneira de impressionar alguém: mostrar interesse pela outra pessoa.

Desenvolver uma boa comunicação não é simples. Requer atenção, força de vontade, conhecimento e, acima de tudo, tempo. Porém, desenvolver o hábito de uma boa comunicação e, consequentemente, de uma personalidade agradável fará você lucrar tanto material quanto emocionalmente.

Os iorubás nos ensinam que para atrairmos prosperidade para a nossa vida devemos ser um modelo de atitude positiva. Evitar reclamações, críticas, comparações, competições ou brigas de qualquer tipo.

A pessoa que escreve um livro é um artista, aquela que o queima é apenas um ignorante. Isso quer dizer que devemos evitar o confronto direto com outras pessoas, nada de promover brigas e discussões inúteis. Quando somos reclamões, o mundo pode até ouvir nossas queixas se não houver outra opção, mas, quando trazemos conosco uma mensagem de paz, harmonia e amizade, as pessoas nos ouvirão de bom grado, porque palavras edificantes fazem bem a qualquer um. Se quisermos seguir à risca a filosofia dos Orixás, devemos trabalhar incessantemente para desenvolver uma personalidade pacífica, empática e agradável.

MÃO NO EBÓ

Apresento a seguir sete passos para desenvolver uma personalidade alinhada com a filosofia dos Orixás:

1. Observe o caráter de pessoas felizes e de sucesso (sucesso na sua visão). Descubra quais são as suas qualidades, seu modo de pensar e agir e se debruce em aprender com sinceridade e humildade;
2. Busque melhorar sua comunicação, falar com segurança, ser verdadeiro com seus sentimentos;
3. Respeite os ambientes que você frequenta;
4. Desenvolva um caráter positivo;
5. Desenvolva o hábito de chamar as pessoas pelo nome, apertar mãos, demonstrar respeito;
6. Se deixe ser atraído pelas pessoas;
7. Lembre-se de que seu Orì é o único que determina se você pode ou não fazer alguma coisa.

Que Yemanjá te faça grande como o oceano.
Que Exu não te manipule!

capítulo doze

EXU E OIÁ: COOPERAR É TER PODER

Lá no Capítulo 5, onde falamos de Xangô, eu contei uma história que narra a lealdade e a parceria de Oyá com nosso rei. Aqui, me proponho a trazer outro mito que conta mais uma vez como Iansã, outro nome de Oyá, sempre foi leal a Xangô. Essa lealdade faz dela não só uma mulher admirável, mas também uma mentora de vida que nos ensina, através de suas condutas e comportamentos, a nos tornar indivíduos melhores se nos mantivermos leais àqueles que estão do nosso lado.

Em uma terra chamada Tákua Tulempe,[42] aconteciam festejos para Xangô. Neles sempre havia a presença de diversas mulheres que desejam o negro alto e imponente. Com isso, muitos homens o invejavam e desejavam o seu extermínio. Em uma dessas festas, esses homens prenderam Xangô e o trancaram em uma masmorra para que ele não retornasse a Tákua Tulempe e se tornasse o centro das atenções.

Xangô tinha uma gamela que funcionava como um oráculo. Através dela, ele via tudo o que acontecia. Porém, durante aquela situação crítica, como não imaginava que fosse precisar da peça, saiu de casa sem ela e não pôde usar seus poderes.

Alguns dias se passaram, e nada de Xangô aparecer no palácio. Oyá estranhou seu sumiço e foi olhar na gamela o que estava acontecendo, quando viu que ele estava preso. De seu cárcere, Xangô sentiu que alguém mexia na sua gamela e pensou: *Ninguém além de Oyá sabe usá-la.* Então ele lançou raios e trovões para que ela descobrisse o seu paradeiro e o encontrasse.

Oyá entendeu o chamado, acendeu uma fogueira e começou a invocar espíritos para ajudar a encontrá-lo. Feito isso, um raio rasgou o céu e destruiu as grades da prisão, libertando Xangô. Logo que saiu, ele viu Oyá descer do céu em um redemoinho. Ela, então, o levou embora de Tákua. Através do raio e do vento, Oyá libertou Xangô.

Oyá é o vento, e como sempre digo: ninguém segura o vento. Por isso, ele está sempre em mudança. Seu nome vem de *Iyá ọmọ mésàn*, que significa "mãe de nove",[43] epíteto que geralmente se refere aos filhos que ela gerou com Xangô. Os oito primeiros nasceram mudos, o último foi o único a falar. Dono de uma voz gutural denominada séègí,[44] recebeu o nome de *Egúngún*,[45] que se refere à memória coletiva dos ancestrais, aos espíritos de mortos importantes que retornam à terra.

Oyá tem sua origem no rio Níger e é comumente associada a uma guerreira e feroz amazona. Muitas canções e rezas a retratam como a mulher mais temida do panteão, pois "o seu cutelo feito de vento mata mais que qualquer espada".[46]

Ela está presente em todos os elementos – ar, água, terra e fogo –, motivo pelo qual sua força é estrondosa. Mas é o vento que mostra seu elo com o espiritual, pois é no ar que os espíritos se formam. Ela é o vento que potencializa o fogo, é o rio Níger que dá origem aos mais diversos seres, é o sopro da vida, é terra que gera condições climáticas para que o raio aconteça. De fato, Oyá é muito poderosa.

Entre seus nomes de louvor se destacam: *Oya Orire*, "aquela cuja beleza é tão grande que não podemos desviar o olhar"; *Oya Oriri*, "a encantadora"; *Aféfé lèlè*: "grande vento"; *Aféfé ikú*, "ventos da morte".[47] Oyá é o vento portador da sabedoria, aquele que circula no céu e traz entendimento para o coração. Ela é o Orixá que nos torna humildes, justos, corajosos e bravos. É o espírito sábio que incendeia tudo o que toca, que ferve corações, que borbulha o mundo de vida. É por essa e outras razões que Xangô precisa desesperadamente dela. Ele necessita do vento para potencializar sua presença trovejante e, ao mesmo tempo, apaziguar quando as coisas saem do controle. *Sem Oyá, Xangô não seria metade do que é.*

Eu sempre fico emocionado quando estudo sobre o casal do dendê, porque fui privilegiado de ter nascido de um: meu pai carnal, um homem de Xangô, e minha mãe, uma mulher de Oyá. Sei exatamente o que é essa parceria, e sempre digo ao meu pai que, sem minha mãe, ele não teria conseguido construir metade do que construiu até hoje. Ela é o pilar.

Este capítulo sobre Oyá é baseado em uma verdade universal: qualquer esforço de duas ou mais pessoas que se unem em torno de um propósito se torna bem mais poderoso que a soma de esforços individuais. Ok, isso é óbvio, mas a gente não pratica. Um casal não pode viver junto, acumular riquezas, ter filhos incríveis sem que exista entre ambos uma sinergia espiritual essencial para o desenvolvimento de um Orì coletivo potente.

Confesso para você que Oyá me ensina muito mais sobre relacionamentos amorosos do que qualquer outro Orixá, e isso acontece de uma forma bem simples: *não existe relação saudável e próspera sem parceria*. E é importante lembrar que prosperidade não quer dizer que não vão existir conflitos ou discordâncias, mas, sim, ambos estarem um pelo outro mesmo em meio ao conflito e à discordância. Xangô e Oyá viveram assim, e eu vejo isso nos meus pais até hoje.

A cooperação é o que dá origem ao axé pessoal e ao axé coletivo

Um dos maiores problemas do ser humano em sua busca por avançar na vida é a incapacidade de criar relações harmoniosas que tragam benefícios para ambas as partes. Desde que me iniciei para Ègbé Orun e entendi a importância de desenvolver relações saudáveis como forma de seguir o nosso propósito e, consequentemente, atrair prosperidade para nossa vida, entendi por que muita gente está na macumba há anos e a vida não progride.

Durante meus quase dez anos no Candomblé, escutei por diversas vezes frases como: "Sou esquentada porque sou de Oyá", "Sou de Oyá e não levo desaforo pra casa", "Fulano(a) é barraqueiro(a) porque é de Oyá". E alguma coisa dentro de mim me dizia que isso não estava certo.

O tempo passou, e, com muito estudo e observação, entendi que mesmo em uma religião afrodiaspórica[48] ainda estamos imersos em uma cultura extremamente colonial. Por isso tendemos a creditar aos deuses as nossas benesses e desgraças. Fui percebendo o quanto as pessoas, principalmente as iniciadas, perdem a oportunidade de acessar o axé de Oyá de maneira mais profunda simplesmente por mera desinformação. Desinformação essa que acontece dentro das casas de axé pelo mesmo motivo: o comportamento colonial que muitas vezes é conveniente para manter as pessoas sob o domínio de determinado grupo.

Oyá, com sua humildade, junto a Xangô, acumulou poder e influência por meio dos esforços combinados com o Obá, com quem viveu boa parte da vida. Todos nós podemos também, de forma humilde, entender como usar esses princípios para atrair axé. Mas, antes de tudo, é preciso entender que há dois tipos de axé, e elas precisam estar bem claras em nosso Orì para que não a confundamos.

Como falei lá no Capítulo 3, temos o axé coletivo, que resulta do axé pessoal de mais de uma pessoa que, em conjunto, forma uma aliança para atingir um propósito único e específico. E temos o axé pessoal, que resulta dessa paz interna, do equilíbrio do nosso Orì, do nosso corpo, das nossas emoções. É o equilíbrio que existe entre os princípios universais da vida: justiça, honestidade, integridade e parceria.

Quando tive a ideia de escrever um capítulo sobre Oyá e falar de cooperação e entender o que está por trás disso, meu Orì me trouxe a lembrança de algumas sacerdotisas incríveis dessa Orixá que são mulheres extremamente calmas. *Tá, mas o que isso tem a ver?*, você pode estar pensando. Ao compreender como os iorubás ensinam que a prosperidade chega em nossa vida, e sabendo que um desses caminhos é manter uma personalidade agradável, paciente e tranquila, entendi por que essas sacerdotisas que me vieram à mente são tão poderosas e honrosas em seus ofícios: elas souberam se conectar bem ao axé de Oyá.

Mas, antes de começarmos, é importante ter em mente que não devemos confundir calma com passividade. Ser uma pessoa equilibrada, que não fica arrumando briga com todo mundo é uma coisa. Ser boazinha e deixar que as pessoas pisem nela é outra. Oyá não é essa boazinha, é a equilibrada, e eu vou te explicar a razão. Para isso, vamos a uma aula de Geografia![49]

Primeiro de tudo, precisamos entender a direção em que os ventos sopram. Devido à rotação da Terra, lá na Linha do Equador, ele sopra na horizontal, ou seja, em linha reta. Mas nos hemisférios Norte e Sul essa movimentação é diferente. No hemisfério Norte, geralmente os ventos sopram à direita, e o oposto acontece no hemisfério Sul, onde sopram à esquerda.

E não para por aí! Lá no Norte, por ser uma área muito montanhosa e ter muitas terras imersas, os ventos podem chegar a até 200 km/h. E isso não chega nem aos pés da constância dos ventos que sopram no Sul, principalmente nas áreas dos oceanos Índico e Pacífico. Não devemos nos esquecer de que o Pacífico de pacífico não tem nada, e lá vive tendo muitas tempestades em alto-mar.

"Ah, mas por que você está falando isso?" Já vou chegar lá, mas você precisa ter em mente que o movimento do ar é imprescindível para que a vida na Terra se desenvolva. Eles levam ar frio para os trópicos e ar quente para os polos, o que promove equilíbrio de temperatura nessas áreas.

Perceba que mesmo quando o vento se mostra violento, a sua função no planeta é equilibrar a temperatura para que a vida humana exista. E, se estamos falando de Oyá, estamos falando de vento. As respostas estão todas na natureza. Tenho dito.

Valores e princípios não são a mesma coisa. Os valores são pessoais, escolhidos por nós. São eles que determinam nosso comportamento, personalidade, condutas e hábitos. Já os princípios determinam o que vamos colher a partir dos valores que cultivamos. Por exemplo, você pode optar por mentir para conseguir algo de forma ilícita, ignorando o princípio da honestidade (que, inclusive, é axé de Exu), mas não pode escolher fugir das consequências dessa atitude. Você pode escolher saltar no abismo, mas não a consequência dessa escolha, que, no caso, será definida pelo princípio da lei da gravidade. Podemos escolher os valores que cultuaremos na vida, mas, uma vez escolhidos, não podemos escolher os resultados que eles trarão.

E o que isso tem a ver com Oyá?

Essa relação entre valores e princípios é a forma mais importante de cooperação que podemos conhecer, pois é por meio dela que o princípio de ação trabalha no desenvolvimento do pensamento preciso. E é por meio desse tipo de pensamento que criaremos o axé pessoal necessário para vencer as batalhas que entrarmos. Repito: é por isso que Xangô precisa ardentemente de Oyá, pois ela é capaz de agir conforme os princípios da natureza. Porém, por ser dona de si mesma, tem valores que a tornam uma presença essencial na vida de qualquer pessoa.

Uma pessoa age de acordo com os sentimentos que moram em seu coração

Quando saí do Candomblé, eu me enchi de trabalho para fugir da realidade de estar sem casa de axé, sem religião e sem saber exatamente para onde ia. Durante esse período, eu chegava a trabalhar mais de doze horas por dia e, por morar sozinho, passei a ter dificuldade de me dedicar de forma eficaz aos afazeres domésticos.

Foi nessa fase que Angel, minha mais velha, uma mulher de Oyá, voltou para minha vida. Por divergências políticas, Angel tinha sido convidada a se retirar da casa de axé onde fomos iniciados, um evento que aconteceu quando eu ainda frequentava o lugar.

Sendo vítima de uma tremenda injustiça, fui um dos poucos que sempre sentiram empatia por Angel. Mesmo não estando no mesmo ambiente em que nos conhecemos, mantive contato com ela.

Angel é uma mulher preta, periférica, que vive o desafio diário de criar dois filhos sendo mãe solo e, ainda assim, consegue ser uma das pessoas mais cooperativas que conheci na vida. Em nossas conversas, eu sempre dizia o quanto ela era intensa e agia com o coração.

Quando eu olhava pra Angel, enxergava minha mãe e tantas outras amigas minhas que também agem desse jeito em suas relações. As pessoas de Oyá são assim. O fogo arde em seu coração, essa é a essência delas. Não são mornas, não são só brisa; não conseguem ser.

Uma pessoa só consegue ser cooperativa e ajudar quem está ao seu redor se agir com o coração. Só conseguimos criar axé quando pensamos como caçador, quando nos concentramos no que queremos e cooperamos uns com os outros.

Oyá nos ensina que os princípios que simbolizam sua grandeza estão à disposição de outras pessoas, como canta o trecho deste *orin* que está no livro *Cânticos dos Orixás na África*, do Bàbá King:[50]

Oya o	Oh, Oyá!
Oya aláse, Oya	Oyá que possui o axé, Oyá!
Oya to tóni gbè	Oyá que é grande suficiente para nos apoiar.
Oya o	Oh, Oyá!

Desde os primórdios, Oyá, assim como Exu, nos ensina o valor da cooperação e nos revela princípios pelos quais movimenta muito axé. Se estamos buscando triunfar em nossas guerras, devemos ter fixados em nosso Orì que a cooperação é a base da direção bem-sucedida. O maior poder que Oyá exerceu sobre o reino de Xangô, para se tornar indispensável, foi o axé pessoal vindo da sua cooperação. Primeiro no nível pessoal e, depois, no nível interpessoal.

Exu e Oyá: qualquer forma de axé se desenvolve pela organização

Uma vez que desenvolvemos a harmonia interna, alinhando nossos valores e princípios, estamos prontos para colaborar com o outro. E há algo a que é importante estarmos atentos: não devemos, em hipótese alguma, criar cooperação se nossos valores pessoais não estão alinhados aos nossos princípios.

Certa vez, já no CTY, enquanto estava em um ritual para Exu com minha família de axé, perguntei ao meu Bàbá se era obrigatório, em todos os nossos pedidos de reza, sempre pedirmos primeiro por nós, para depois pedirmos pelo outro. Se você parar para pensar, isso é até óbvio (primeiro nós, sempre), mas é o tipo de coisa que não nos ensinam quando somos introduzidos ainda crianças em qualquer meio religioso.

Daí ele me respondeu: "Princípio de Exu, temos que louvar nosso Exu primeiro, pois é nele que começa tudo". Quando passei a observar que a relação de Oyá com Xangô era resultado primeiro da boa relação que ela tinha consigo mesma, logo conclui que *não há como criar relações interpessoais duradouras baseadas em injustiça, desonestidade e falta de integridade.* Primeiro, devemos criar harmonia interna e depois externa. Como sempre, voltamos para onde tudo começa: nós mesmos. E, como já falamos muito aqui, *todo início é Exu.*

E esse começar em nós mesmos tem muito a ver também com a organização. E é aí que Exu e Oyá se encontram mais uma vez. Oyá é muito conhecida por controlar suas finanças, por cuidar do próprio sustento e, também, do sustento dos seus. "Ela é a protetora dos mercados, a zeladora das mulheres que trabalham e vivem das feiras livres, do comércio. Assegura proteção a toda e qualquer liderança feminina [...], domina os lares dos quais faz parte".[51]

Se você pegar as mais diversas histórias ao redor do mundo sobre pessoas cujas mentes brilharam muito, verá que todas elas são conhecidas por sua habilidade em organização. É à toa? Claro que não. Se organização e dinheiro são axés de Exu, faz sentido pensar que ambos andam juntos ou, pelo menos, transitam no mesmo campo energético.

Para que possamos refletir sobre o quanto o axé de Exu e Oyá atuam juntos, vou te dar um exemplo de como o axé da organização e da cooperação andam de mãos dadas. Para desenvolvermos prosperidade financeira, precisamos da colaboração de pessoas talentosas que têm habilidades que não temos. Aprendi com o Bàbá King que nós devemos sempre direcionar a demanda para a pessoa que melhor a executa. Se você é contratado para um serviço em que uma parte dele alguém faz melhor que você, direcione a tarefa para essa pessoa. Quando fazemos isso, coisas interessantes acontecem.

1. Oferecemos o melhor para quem nos contratou, o que abre possibilidades para que essa pessoa nos contrate de novo e indique nosso trabalho.
2. Conseguimos concentrar mais tempo e energia no que somos realmente bons.

3. Exercemos a cooperação quando geramos, para outra pessoa, demanda de trabalho e dinheiro.

Isso tudo é organização mental, de tempo, de dinheiro e de tarefas. Tudo isso é Exu, e Oyá também.

Eu quis ressaltar bastante essa nuance de Oyá como uma Orixá que nos ensina sobre cooperação como forma de poder pessoal, por isso citei especificamente a passagem dela com Xangô. Assim você e eu poderíamos refletir que *nos tornarmos indispensáveis na vida do outro é de uma potência absurda.*

Não quero que você enxergue Oyá como "a mulher de Xangô", ela está acima disso. Repito: ele só foi o que foi por causa dela. O protagonismo de Oyá acontece de forma sutil como uma borboleta, mas potente como um búfalo.

Um corpo vive através da constante troca de energia e matéria com o ambiente por meio da respiração, hidratação e alimentação. O que mantém o corpo limpo é justamente esse movimento de energia em que cada respiração traz vida para a matéria através do oxigênio que vem das folhas e, em troca, esse mesmo oxigênio joga as toxinas para fora do nosso corpo. Perceba o quanto o corpo funciona de maneira extremamente organizada para que a gente consiga, de fato, viver.

Oyá é esse axé de circulação que traz o axé das folhas para os nossos pulmões. Oyá é essa função de transmutar ar quente e ar frio no planeta para que possamos nos manter vivos. Oyá é quem faz pulsar a vida na nossa casa, na nossa cidade e no mundo como um todo.

Exu habita em Oyá quando ela exerce a cooperação, quando mantém o equilíbrio e a ordem do planeta, quando precisa ser maleável o bastante para ora ser búfalo e ora ser borboleta. Oyá também joga nos dois lados sem constrangimento. Ela é aquela que destrói e constrói a todo momento para que nossa vida ganhe brilho, ganhe sentido. Tal qual Exu, sem o movimento de Oyá, nossa vida iria à ruína.

O axé de Oyá é pela transformação de tudo o que existe, e por ser a própria vida é que ela consegue ser rainha, guerreira, serva, búfalo, borboleta, coral ou vento. Oyá me deu (e me dá) fôlego para que eu me lembre sempre que a vida até pode ser uma guerra, e que de vez em quando a gente precisa ser duro, mas, no fundo, se tivermos justiça, verdade, cooperação e organização como valores pessoais, sempre teremos motivos para brilhar e sorrir.

MÃO NO EBÓ

Faça uma pequena análise de seus valores pessoais e a relação que eles têm com princípios que estão presentes no axé de Exu e de Oyá. Identifique a harmonia de ambos e veja o que você pode fazer para melhorá-los. Enumere numa escala de 1 a 10 quanto você tem de cada um.

PRINCÍPIOS PRESENTES NO AXÉ DOS ORIXÁS	VALORES PESSOAIS
Organização	
Cooperação	
Honestidade	
Justiça	
Integridade	

Que Oyá te faça forte como um furacão.
Que Exu não te manipule!

capítulo treze

EXU E OBALUAÊ: CONCENTRE-SE NO QUE É IMPORTANTE

Obaluaê levava uma vida desregrada. Era bastante mulherengo e não fazia o que Olódùmarè mandava. Por conta disso, contraiu muitas doenças contagiosas e se tornou uma ameaça para muitas pessoas.

Um (não tão) belo dia, as doenças chegaram às terras iorubás. Ao consultarem o oráculo, sacerdotes ficaram boquiabertos com as revelações nada agradáveis: um odù ameaçador colocaria a vida de todos em risco. Eles guardaram os búzios em uma panela de barro e a tamparam com outra acreditando que o ato controlaria a enfermidade presa naquele recipiente.

Obaluaê foi acusado de ter atraído as doenças; para reparar a situação, deveria cumprir a seguinte pena: jogar água na panela que continha as doenças enquanto entoava seus encantamentos. Mesmo cumprindo a orientação, continuou sendo malvisto pelo povo.

A rejeição popular fez Obaluaê sair vagando pelo mundo. Em suas andanças, encontrou seu irmão Xangô, que vinha da terra dos jejes, onde também acontecia um surto de pestes. Obaluaê contou a Xangô que estava cansado de ser rejeitado pelo ambiente que frequentava, e o irmão, então, ensinou-lhe a praticar curas usando os segredos que ganhara de Ossain.

Xangô disse a Obaluaê que ele deveria ir curar os jejes, que estavam esperando alguém que os salvasse. Ele aceitou o conselho, foi e curou toda aquela gente. Feito isso, foi muito bem-tratado por aquele povo e, mais tarde, aclamado como seu rei e senhor.

Obaluaê é denominado Senhor do Mundo, responsável por nosso retorno ao Òrún tão logo nosso *ará* (corpo) inevitavelmente retorna à terra. Por isso é chamado de ebora: um intermediário entre Olódùmarè e os humanos;[52] *"uma força de estabilidade"*. Mas, para alcançar tal objetivo, trouxe a doença.[53]

Ele é o próprio ciclo da vida, o sol, a temperatura quente, a febre, e está associado a todas as doenças oriundas de ventos ou de insetos que picam. Ele é uma força muito quente e vermelha e governa a corrente sanguínea. Senhor da varíola e de todas as enfermidades, inspira terror e respeito por seu controle sobre as doenças. É associado à cura, à justiça e à paz social.[54]

É bem interessante refletir sobre Obaluaê a partir do *ìtan* que contei. Esse Orixá é uma força espiritual que assegura a estabilidade da Terra e, ao mesmo tempo, é visto como a própria retribuição dessa mesma estabilidade, que se volta contra nós mesmos quando somos negligentes. Isso mostra que Orixá, tal qual toda natureza, é recíproco, e, como sempre repito aqui, age por meio de trocas justas.

As pessoas com quem convivemos podem nos elevar até a montanha ou nos rebaixar até o poço

Nosso Orì se alimenta de duas formas: daquilo que o alimentamos e daquilo que absorvemos do ambiente. Certa vez, a Amanda, do Grana Preta,[55] disse, em um podcast, que "o Orì é autossugestionável, ou seja, ele se alimenta do que você se alimenta, ele vê o que você vê e nada acontece sem permissão dele". Essa frase me virou chaves absurdas, não só por meio da perspectiva das informações que consumo, mas também pelo modo como, a depender da qualidade desses alimentados, posso prejudicar meu Orì.

Essa dinâmica de Orì é bem interessante porque é algo extremamente ligado a Obaluaê: a *saúde*. Precisamos escolher nosso ambiente com o maior cuidado, para que ele possa nos fornecer as condições necessárias para executar nosso propósito. As pessoas com as quais convivemos exercem uma grande influência sobre nosso ambiente; elas podem nos ajudar a progredir ou a regredir. *Se quisermos crescer, precisamos nos rodear de pessoas que simpatizam com nossos ideais*, pois essas relações alimentam nossa atitude, entusiasmo, autoconfiança, determinação e ambição.

Cada comentário que ouvimos, cada imagem que vemos, cada impressão que temos influenciam nossos pensamentos, por isso não podemos negligenciar a importância que o ambiente tem sobre nossa vida e nossos resultados. E falar disso é extremamente importante; a maioria vende a ideia de que o importante é só cultuar a divindade, neutralizando a importância que a comunidade e o convívio têm sobre nossa espiritualidade.

Só quem já conviveu em uma casa de axé extremamente problemática e ouviu frases como "você tem que vir e focar em

Orixá e esquecer pessoas" sabe do que eu estou falando. Inclusive, eu fui uma dessas pessoas que já bradou essa frase inúmeras vezes até entender a colonialidade por trás dela.

O medo e a culpa são alimentados pela falsa ideia de que temos que "suportar tudo em nome de Orixá", e a situação nos obriga a permanecer ali, mesmo que o ambiente não nos ajude a aflorar. Porém, o tempo e a maturidade mostram que não é bem assim que funciona. A gente pode ser o devoto master que sabe todas as rezas, danças, conhece todo o panteão africano e suas divisões, mas, se não houver um ambiente fértil (leia-se uma comunidade) que nos potencialize, não crescemos. Simples assim. Já viu planta crescer em solo ruim?

Se o ambiente em que vivemos está adoecido para aquilo que almejamos, o ideal é ir substituindo-o por outros mais favoráveis. O processo é sempre o mesmo: pensar no ambiente que queremos e, depois, concentrar o foco nesse pensamento até transformá-lo em realidade. Nesse contexto, a concentração tem a ver com desenvolver, por meio do hábito e da prática, a habilidade de manter o foco em algo até esse algo se tornar familiar para nós.

No *itan*, Obaluaê talvez não tenha tido essa consciência de mudança, afinal, ela aconteceu por acaso, e por intermédio de Xangô. Mas o Orì dele, de alguma forma, esclareceu que o lugar em que ele estava não desenvolveria todo o seu potencial. É interessante também avaliar outra nuance dessa história. Na terra antiga, ele ainda não tinha o poder de cura. Obaluaê aprendeu a cura no meio do caminho, e, ao chegar na terra dos jejes, já estava preparado.

Aqui temos outra lição: <u>precisamos nos desenvolver para sermos coroados, ainda que mudemos de ambiente</u>. Se mudamos o ambiente e não mudamos o comportamento, os resultados tendem a ser os mesmos. Concentrar-se no que é importante pode ser a virada de chave mágica que nos fará vitoriosos.

A concentração, que está associada ao foco, ao pensar como caçador e ao senso de propósito, é um recurso disponível a todo e qualquer ser humano. Foi através da concentração que muitas portas foram abertas e o mundo se tornou o que conhecemos hoje. Ninguém fez nada grandioso e transformou vidas se não utilizou esse recurso.

Para exemplificar, vou contar algo que sempre digo quando estou oraculando alguém; se você está em um trabalho e deseja ir para outro melhor e, para isso, coloca em prática: pensar como um caçador (definir o que você quer), autocontrole (para saber agir corretamente) e concentração (manter o pensamento focado e atitudes condizentes), o ebó vai só dar um empurrãozinho, pois você já fez 80% do processo. Percebe como o poder sempre está em nossas mãos?

Não podemos, em hipótese alguma, subestimar o poder da concentração. Foi desse modo que Obaluaê teve felicidade, sucesso e se curou de suas dores do passado. Tudo que foi feito contra ele foi varrido, esquecido. A coroa que lhe foi atribuída sobrepôs a ingratidão e injustiças que sofrera. Devemos pegar isso como exemplo, devemos *parar de viver no passado, devemos começar de novo. E se o que fizemos antes não trouxe os frutos que desejamos, temos que esquecer.* Simples.

O ambiente em que vivemos pode nos adoecer ou nos curar

Uma das coisas que aprendi anos atrás com meu mestre, o Bàbá King, e que levei para a vida, foi que a primeira coisa que devemos pedir aos Orixás é saúde. É bem lógico, né? *Sem saúde, ninguém faz nada.* Mas a convivência com o oráculo, atendendo pessoas diariamente, me revelou uma imensa preocupação: raramente (de 1 a cada 20 pessoas) procuram o oráculo para saber de saúde. Sei que outros oraculistas podem viver uma realidade diferente, mas na minha mesa é assim que acontece. E o mais curioso é que falar de saúde é falar de amor-próprio, de autoestima, de crescimento profissional, que são coisas que as pessoas buscam bastante o oráculo para resolver.

Demorei um pouco para entender que cuidar da saúde é a maior prova de amor-próprio que podemos nos dar, afinal, existe algo mais importante para nós do que a nossa própria vida? Cuidar da saúde é cuidar da vida, e entender isso mudou meu jogo completamente. *Não se cura sem estar saudável, e não se está saudável sem ter autoamor pulsando, gritando em nós.*

E por que cuidar do Orì é cultuar Obaluaê? Primeiro porque cuidar do Orì é cuidar da saúde espiritual e, por consequência, da saúde mental e, por fim, da saúde física. Tudo está conectado. E nessa perspectiva do culto a Orì quero me ater à relação íntima entre hábitos e concentração que não podemos ignorar.

Através do hábito, ou seja, da repetição, da consistência, da disciplina de Exu, uma mesma ação tende a se tornar permanente e, depois de um tempo, passamos a praticá-la naturalmente. Veja só, se um digitador conhece bem o teclado de um computador, pode digitar perfeitamente sem olhar para as teclas, até quando o pensamento está em outra coisa (eu sou uma dessas pessoas, *hahaha*).

O que isso nos diz? Se pensar como caçador, com precisão, é a ferramenta que usamos para abrir um novo caminho mental, a concentração é o instrumento que permite o uso do hábito para a ação de fato acontecer. É trilhar o caminho. *Esta é a chave para transformar nossos desejos em realidade: querer algo, pensar com absoluta concentração nesse algo e, através do hábito, não parar até conseguir.*

Quando analiso as passagens dos Orixás, percebo que todos eles pensavam assim e, por isso, progrediram, motivo pelo qual se tornaram Orixás. Eles estavam sempre à frente, sempre além do óbvio. E o que isso tudo tem a ver com saúde, com Orì, com Obaluaê?

Neste momento, quero que você olhe para a saúde além do físico; que a veja como um processo espiritual que promove progresso e prosperidade. Escassez, miséria e falta de recurso são sinais de que algo está adoecido.

Quando vivia na Terra antiga, Obaluaê absorveu o material que criou e formou seu pensamento com base no ambiente em que estava. Ser malvisto pelo povo o fez adoecer e o impulsionou a mudar de ambiente. Se ele não tivesse adoecido, teria continuado onde estava. A gente só muda algo quando a situação em questão dói, pois é natural o ser humano buscar conforto nas coisas.

Trazendo para nossa vida atual, entenda ambiente como os livros que lemos, as informações que consumimos, as pessoas com quem convivemos, a comunidade de que fazemos parte, a natureza do trabalho a que nos dedicamos, o país em que nascemos, o estilo de vida que levamos etc.

O ambiente tem relação direta com a personalidade que desenvolvemos e, consequentemente, com o progresso que teremos. Por isso, o ambiente pode nos adoecer ou nos curar. A terra doente não fertiliza, não faz as plantas crescerem, não dá frutos, e essa é a razão para ambiente, saúde e fertilidade estarem extremamente ligados a Obaluaê, e o trecho desse *Oriki* nos faz refletir a respeito disso:[56]

Obalúwayé a mú ni toùn toùn.	Obaluaê, que faz as pessoas perderem a voz.
Obalúwayé sí odù re hàn mí.	Obaluaê, abra seu odù pra mim.
Kí ndi olówó.	Para que eu seja uma pessoa próspera.
Kí ndi olomo.	Para que eu seja uma pessoa fértil.

Passamos a vida toda absorvendo a influência do ambiente, sem nem questionar, até chegar ao culto de Orixá. E, com a generosidade dos deuses, podemos identificar quais comportamentos são bons e quais são ruins. Assim, conseguimos substituí-los por outros que nos levem até onde queremos ir. *E agora vem aquela pergunta de ouro: como mudar um comportamento ruim?*

Um comportamento/hábito é uma programação do nosso Orì que seguimos inconscientemente durante um tempo, e isso se aplica a tudo em nossa vida. Quando trilhamos o mesmo caminho, uma hora ele se torna familiar para nós. Um hábito/comportamento é resultado do conforto do nosso Orì em seguir algo que para ele é mais fácil.

Isso quer dizer que comportamentos são gerados pela repetição, pela familiaridade, pela proximidade. E essa lei se aplica a tudo na natureza. Vou dar um exemplo prático: a forma como você lava louça é a mesma há anos. Se te ensinarem outra, você terá dificuldade e resistência, porque o modo como você faz hoje é familiar e confortável.

Para mudar um comportamento ruim, precisamos abandonar o caminho familiar e forçar a abertura de um novo. A melhor forma de destruir um velho hábito é substituí-lo por outro. Se vamos abrindo novos caminhos mentais repetindo nossa formulazinha mágica: pensar como caçador, autocontrolar e concentrar, os hábitos velhos e ruins perderão espaço até desaparecerem por completo. Não importam quais condutas e comportamentos tenhamos hoje, eles podem e devem ser dominados e colocados a nosso serviço. É possível mudar quem somos apenas alterando nosso comportamento.

Exu e Obaluaê: a concentração promove influência

Qualquer pensamento positivo ou negativo que criamos e mantemos reverberando em nosso Orì cria uma energia, um sentimento, e nos impulsiona a tomar alguma atitude em relação a ele. O que faz a gente tomar uma atitude é a concentração que investimos em determinado pensamento. Quer um exemplo? Se todo dia você ficar pensando em comprar uma bicicleta, logo, logo acabará comprando-a. Esse é o poder da concentração.

É também nesse ponto que Exu se torna peça fundamental na materialização dos nossos desejos. Quando sabemos exatamente o que queremos e concentramos toda nossa energia naquele objetivo, Exu nos dá suporte. Por isso ele é chamado de Elegbara: aquele que concede poder ao homem para que este seja bem-sucedido. Exu está presente em qualquer ação ou projeto humano porque sua presença é indispensável para o sucesso de qualquer empreitada.

Obaluaê é estreitamente ligado a Exu. Em terras iorubás, é muito comum vermos famílias que cultuam e detêm conhecimentos ancestrais acerca desses dois Orixás. A sacerdotisa nigeriana que me iniciou em Exu, por exemplo, também é sacerdotisa do culto de Obaluaê.

Em ritos e festas, a permissão de Obaluaê é solicitada: deixe-me obter a permissão do Senhor da Terra, ver se ele nos permitirá dançar,[57] daí vemos a presença do axé de Exu nesse Orixá, através da sua influência. Nenhum rito pode acontecer sem sua permissão, sem passar por ele, igualmente com Exu.

Como consigo enxergar partículas de Exu em todos os Orixás, neste ponto aqui percebo o quanto Obaluaê e Exu se entrelaçam. *A gente não consegue influenciar nada na vida, nem nos tornamos indispensáveis em nada, se não nos concentrarmos no que é importante.* Concentrar-se no que é importante equivale a eliminar distrações, a se aperfeiçoar, a se autodesenvolver, a colocar a própria vida nos trilhos do progresso.

Não é à toa que louvamos Obaluaê também para pedir riquezas, pois toda a riqueza do mundo se encontra na Terra. Ela é indispensável para a existência humana. Quanto mais eu conheço um pouquinho de cada Orixá, vejo Exu, porque Ele é Àkódá, ou seja, a primeira estrela de Olódùmarè, ele está em tudo e em todos.

Assim como uma árvore nascerá de uma semente plantada em terreno apropriado, se colocarmos toda nossa energia em torno dos nossos desejos e desenvolvermos autocontrole, iniciativa, pensamento preciso e concentração, *com a ajuda de Exu, teremos o ambiente favorável para sermos coroados, tal qual Obaluaê foi.* A cura começa no Orì.

A CURA COMEÇA NO ORÌ.

MÃO NO EBÓ

Faça uma pequena análise de seus hábitos e comportamentos que julga bons ou não muito bons, e avalie de 0 a 10 a quantidade de concentração que você empenha em cada um deles. A ideia aqui é que você reflita quanto àquilo em que está colocando energia e como isso tem se refletido em sua vida.

HÁBITOS/ COMPORTAMENTOS BONS	HÁBITOS/ COMPORTAMENTOS NÃO MUITO BONS	QUANTIDADE DE CONCENTRAÇÃO DEPOSITADA

Que Obaluaê te coroe!
Que Exu não te manipule!

CONCLUSÃO

Os Orixás estão presentes em cada área de nossa vida e nos ensinam a nos voltar para nós mesmos para resolvermos nossas questões. Ao longo deste livro, espero que você tenha aprendido a influência negativa que a falta de propósito exerce em nós. Nós devemos ter objetivos na vida para nos mantermos sempre desafiados e com vontade de viver ao máximo.

Para isso, precisamos aprender com cada um dos Orixás que eu trouxe aqui, e com muitos outros, a sermos caçadores como os Odés, a confiar em nós mesmos sem depender de opiniões alheias, e muitas vezes passáveis. Precisamos exercer a imaginação e criar nossos caminhos, usar a arte para extravasar emoções e criatividade. Devemos nos entusiasmar com a vida, com o nosso propósito e nossos caminhos: só assim estaremos em sintonia com Orixá.

Que nunca nos esqueçamos de que devemos controlar a nós mesmos, as nossas emoções, para que nem a raiva nem a exuberância decidam por nós. Que tenhamos em mente que devemos sempre, sempre, sempre ir além do esperado, mas devemos nos lembrar também de que cada um tem um ritmo próprio e uma vida que é só dele – e devemos olhar com carinho e empatia para essas pessoas e cooperar com elas, com quem está à nossa volta.

No mais, concentre-se no que é importante: cuidar do seu corpo físico e espiritual; cuidar da sua mente e da sua saúde como um todo. Aprenda com os Orixás que seu corpo é sagrado, que ao cuidar da saúde estará cuidando de muitas e muitas áreas da sua vida. Reconheça o bem que Exu e todos os Orixás trazem para a sua vida. Sempre teremos desafios pela frente, e espero que esta leitura te sirva de guia para reconhecê-los e superá-los. Afinal, sem eles, a vida seria muito sem graça.

No culto de Exu, a gente aprende que a vida se estabelece nas trocas justas e eu agradeço demais por você ter trocado algumas horas em estar aqui comigo nesse espaço-tempo se deleitando desse aprendizado e de tudo que eu e um monte de gente bacana desenvolvemos para você. Este texto não foi desenvolvido sozinho. Houve Exu em todo o tempo através de cada um que por aqui passou: você que me encontrou na internet e parou para ouvir o que eu tinha a dizer, eu que escrevi, os autores que usei como referência, minha Ìyá maravilhosa que revisou tudo e fez o prefácio, as pessoas que passaram por minha vida e que foram personagens nessas histórias, as personagens que criei neste livro, os revisores, editores, enfim… uma verdadeira encruzilhada!

Não se faz axé sozinho (aliás, nada se faz sozinho!) e esse é o maior objetivo que eu quis trazer com este livro. Exu habita em mim porque habita em você, habita em nós, habita nos Orixás porque tudo está inteiramente conectado. Exu está em tudo.

Que seu Orí seja portador de boas trocas.
Que Exu e os Orixás te apoiem em tudo. Sempre.

                                      Um xêro na alma,
                                            Òkè

DEVEMOS NOS ENTUSIASMAR COM A VIDA, COM O NOSSO PROPÓSITO E NOSSOS CAMINHOS: SÓ ASSIM ESTAREMOS EM SINTONIA COM ORIXÁ.

REFERÊNCIAS

ARTIGOS

CAETANO, JR., V. Oba, líder da sociedade Elekô comanda todas as mulheres guerreiras. *Portal Geledés*, 28 abr. 2013. Disponível em: https://www.geledes.org.br/oba-lider-da-sociedade-eleko-comanda-todas-as-mulheres-guerreiras/. Acesso em: 25 set. 2023.

CARVALHO, P. R. N. Na aula de hoje veremos Exu: a boca do mundo como oportunidade pedagógica decolonial. *Revista Encontros*, v. 17, n. 32, p. 32–45, 2019.

D'OSOGIYAN, F. Quem são os Ìrúnmolès. *Candomblé*, 1 jul. 2018. Disponível em: https://ocandomble.com/2018/07/01/quem-sao-os-irunmoles/. Acesso em: 25 set. 2023.

FAVERO, C. L. Real, simbólico e imaginário: significados em linguística e em Lacan. *Psicanálise Clínica*, 4 maio 2022. Disponível em: https://www.psicanaliseclinica.com/real-simbolico-imaginario/. Acesso em: 25 set. 2023.

GOMES, K. A história de Mary Beatrice, mulher negra que inventou o absorvente. *Hypeness*, 4 fev. 2022. Disponível em: https://www.hypeness.com.br/2020/02/a-historia-de-mary-beatrice-mulher-negra-que-inventou-o-absorvente/. Acesso em: 25 set. 2023.

MARINS, L. L. Òrìṣà dídá ayé: òbátálá e a criação do mundo iorubá. África, n. 31–32, p. 105–134, 2012.

MATIAS, A. Ventos. *Brasil Escola*. Disponível em: https://brasilescola.uol.com.br/geografia/vento.htm#:~:text=Ventos%20s%C3%A3o%20movimentos%20de%20massas,com%20altitude%2C%20relevo%20e%20localidade.&text=Ventos%20s%C3%A3o%20importantes%20para%20a,de%20chuvas%2C%20entre%20outros%20fatores. Acesso em: 25 set. 2023.

MOURA, R.; SILVA, E. Ìyámi Agba Wa O: o Culto a divindades femininas em organizações religiosas de matriz africana e a valorização das mulheres. *In*: SEMINÁRIOS EM ADMINISTRAÇÃO DA UNIVERSIDADE DE SÃO PAULO, 23, 2020, São Paulo. Anais [...]. São Paulo: Semead, 2020. Disponível em: https://login.semead.com.br/23semead/anais/arquivos/1968.pdf? Acesso em: 25 set. 2023.

ÒKÒTÒ, D. I. M. Odô Obá, Odô Oxum. *Medium*, 10 jul. 2019. Disponível em: https://dessalin.medium.com/od%C3%B4-ob%C3%A1-od%C3%B4-oxum-9400c55a16e8. Acesso em: 25 set. 2023.

LIVROS

BABATUNDE, O.; ADEWUYI, O. Obàtálá: a maior e mais antiga divindade. EUA: Createspace Independent Pub, 2015.

BENISTE, J. *Mitos yorubás*: o outro lado do conhecimento. Rio de Janeiro: Bertrand Brasil, 2006.

FRISVOLD, N. M. *Ifá, uma floresta de mistérios*. São Paulo: Arole Cultural, 2022.

HILL, N. *A Lei do Sucesso por Napoleon Hill*. São Paulo: Leya. 2012.

KING, S. S. *Cânticos dos Orixás na África*. Síkírù Sàlámì (King). São Paulo: Oduduwa, 1991.

KING, S. S.; RIBEIRO, R. I. *Exu e a ordem do universo*. São Paulo: Oduduwa, 2011.

PRANDI, R. *Mitologia dos Orixás*. São Paulo: Companhia das Letras, 2001.

SANTOS, J. E. *Nàgô e a morte*: Pàde, Àsèsè e o culto Égun na Bahia. Petrópolis: Vozes, 2012.

STEIN, R.; STEIN, P. *Antropologia da religião, magia e feitiçaria*. Petrópolis: Vozes, 2023.

GLOSSÁRIO

Abebé – Nome dado a um espelho de mão, comumente usado pelos Orixás femininos.

Abiã – Pessoa que entrou há pouco no Candomblé; também conhecido como filho de santo.

Axé – Poder de realização, força vital, valor supremo. Ideal de viver forte no plano material e social.

Àyànmó – Do iorubá: missão. Pode ser representado como: As coisas que Olódùmarè escolhe no Céu para as pessoas fazerem na Terra.

Àiyé – Do iorubá: Terra. Refere-se ao planeta Terra, estado físico da existência.

Bàbá – Nome dado a um homem considerado mestre, mentor, orientador.

Babalaô (Bàbáláwo) – Pai dos segredos, o nome dado aos antigos e experientes adivinhos de Ifá.

Babalorixá – Nome dado ao sacerdote do culto a Orixá.

Borì – Ritual realizado com objetivo de apaziguar a condição energética e espiritual do nosso Orì (cabeça).

Ebó – Sacrifício, oferenda a alguma força espiritual.

Ebora – É o nome que se dá aos duzentos Irúnmọlẹ̀ da esquerda, intermediários entre Olódùmarè e os humanos.

Ègbé – Companheiro, sociedade, comunidade. Também uma referência à sociedade de pares no céu.

Ègbé Orun – Nome dado a um grupo de companheiros espirituais.

Èjìogbe – Odu de Ifá.

Elêjibomin – Nome de iniciação do primeiro babalorixá do autor.

Ẹlẹ́kò – Sociedades que tratam das questões comerciais e sociais das mulheres africanas.

Èlèsù – Nome dado à pessoa que é iniciada no culto do Orixá Exu.

Exu – Orixá primordial. Orixá da ordem, disciplina e organização.

Ifá – Orunmilá-Ifá. Divindade iorubá da sabedoria.

Ilé-Ifẹ̀ – Antiga cidade iorubá localizada no sudoeste da Nigéria. Acredita-se que foi a primeira cidade do mundo.

Ìyèròsùn – Pó amarelo da árvore sagrada *Pterocarpus osun*, utilizado em rituais sagrados.

Iorubá – Grupo étnico da África Ocidental.

Irúnmọlẹ̀ – Irun (seres celestes) + Mo (conhecimento) + Ile (Terra) = seres celestes que são mestres dos seres da Terra.

Isese Lagba – Nome dado ao Culto Tradicional Yorubá.

Ìtan – Nome dado às narrativas míticas (lendas) contadas na cultura iorubá.

Iyagba – No Brasil, esse termo é utilizado para definir todos os Orixás femininos.

Ìyá Osá – Oruko (nome africano) da Yalorixá do autor.

Ìyámi – Abreviatura do nome dado às Grandes Mães Feiticeiras, divindades presentes na mitologia iorubá. Poder ancestral feminino.

Ìyámi Osorongá – Abreviatura do nome dado às Grandes Mães Feiticeiras, divindades presentes na mitologia iorubá. Poder ancestral feminino.

Ìyàwó – Nome do indivíduo em processo de iniciação.

Iwori Wotu (Iwori Otura) – Estrofe do corpo literário de Ifá que conta a história de como Olódùmarè atribuiu funções a Irúnmọlẹ̀.

Ketu – Nação do Candomblé brasileiro onde se cultuam Orixás.

Nkisis – Divindades cultuadas no Norte da Angola, pelos povos que falam quimbundo.

Obá – Orixá feminino conhecida como a deusa das águas revoltas.

Obá – Rei em Iorubá. Nome comumente usado para se referir a Xangô.

Obaluaê – Orixá masculino conhecido como Orixá da saúde.

Obatalá (Obàtálá) – Também conhecido como Oxalá, foi o primeiro Orixá criado pelo Ser Supremo, e o responsável por criar a raça humana.

Ogbóni – Sociedade secreta cujos membros firmaram um pacto com Edan de cumprir as leis e as tarefas estabelecidas para assim viverem em paz e harmonia no Àiyé.

Odés – Em iorubá, odé significa caçador, uma das designações de Oxóssi.

Odiwori – Nome dado a um dos Oduús presente no Corpo Literário de Ifá.

Odù – Uma particularidade do destino, aparece no corpo literário de Ifá.

Òdúndún – Nome africano da folha-da-costa, saião ou erva-grossa.

Oduduwa – Nome fantasia do Oduduwa Templo dos Orixás, maior terreiro de religião lorubá do país.

Ofá – Nome dado a um instrumento de arco e flecha. É considerado uma arma sagrada.

Òkòtó – Concha do mar de cor escura em formato de caracol atribuída no Brasil como um dos símbolos do Orixá Exu.

Olófin – Nome dado a um rei de clã/tribo africana.

Olobàtàlá – Nome dado a uma pessoa que é iniciada para o Orixá Obàtálá.

Olódùmarè (Olodumarê) – Nome dado pelos iorubás ao Ser Supremo (Deus), também conhecido como Olorum.

Orì – Em iorubá, Orì quer dizer cabeça. É a divindade pessoal do ser humano, onde habitam sua individualidade, espiritualidade e pensamentos.

Orin – Nome dado a um cântico entoado para os Orixás.

Òrìṣà-àgbà – Orixá mais velho.

Orixá – Divindade da religião iorubá representada pela natureza.

Orum (Òrún) – Do iorubá: céu.

Ọrúnmìlà-Ifá – Nome dado ao Orixá da profecia, do aconselhamento e da sabedoria.

Osorongá – Nome dados ao clã das Mães Feiticeiras.

Ossain (Ossanha) – Orixá masculino conhecido como Orixá das folhas, mas também muito associado à medicina e à cura.

Òtúrúpòn méjì – Nome dado a um dos Odùs do Corpo Literário de Ifá.

Oxaguian – Um dos nomes dados ao Orixá Obàtálá (Oxalá) no Candomblé Ketu.

Oxobô – Cidade e área de governo local da Nigéria, capital do estado de Oxum.

Oxóssi (Òsóòsì) – Orixá masculino conhecido como Orixá da caça, estratégia e abundância.

Oyá – É um Orixá feminino conhecida por ser a Orixá dos ventos e raios. Também conhecida como Yansã.

Oyó – Estado africano onde Xangô viveu e construiu seu reinado.

Voduns – Divindades cultuadas pelos povos Jeje.

Xangô (Ṣàngó) – Conhecido como o Orixá dos trovões, do fogo e da justiça.

Yalorixá – Nome dado a uma sacerdotisa de culto africano. No Brasil, recebe também o nome de "mãe de santo".

Yangí – Pedra laterita. Pedra sagrada de Exu.

Yebiiru – Esposa de Orunmilá em mito que conta a criação de Exu.

Yemanjá – Orixá feminino conhecido como deusa das águas e mãe de todas as cabeças.

NOTAS DE FIM

1. DIAS, F. Candomblé. *Educa mais Brasil*, 4 dez. 2018. Disponível em: https://www.educamaisbrasil.com.br/enem/religiao/candomble. Acesso em: 25 set. 2023.

2. SANTOS, J. E. *Nàgô e a morte*: Pàde, Àsèsè e o culto Égun na Bahia. Petrópolis: Vozes, 2012.

3. FIAUX, G. A mitologia do universo Marvel! *Legião dos Heróis*, 2015. Disponível em: https://www.legiaodosherois.com.br/lista/mitologia-no-universo-marvel.html. Acesso em: 26 set. 2023.

4. CAMPBELL, J. *O poder do mito*. São Paulo: Palas Athena, 1990.

5. CORREIA, P. A performance do candomblé: uma encruzilhada no exterior. *Revista Multidisciplinar Vozes dos Vales*, n. 4, p. 1-31, 2013. p. 13-14.

6. ÈSÚ Yangi. *Iyá mi Òsún*, 11 jul. 2010. Disponível em: http://iyalorisarosane.blogspot.com/2010/07/yangi.html. Acesso em: 26 set. 2023.

7. BARCELLOS, M. C. *Os orixás e a personalidade humana*. Rio de Janeiro: Pallas, 2007.

8. CLAVURIER, V. Real, simbólico, imaginário: da referência ao nó. *Estudos de Psicanálise*, n. 39, p. 125-136, 2013.

9. FAVERO, C. L. Real, simbólico e imaginário: significados em linguística e em Lacan. *Psicanálise Clínica*, 4 maio 2022. Disponível em: https://www.psicanaliseclinica.com/real-simbolico-imaginario/. Acesso em: 25 set. 2023.

10. *Ibidem*.

11 CASTILHO, P. T. Uma discussão sobre a angústia em Jacques Lacan: um contraponto com Freud. Revista do Departamento de Psicologia da UFF, v. 19, n. 2, p. 325-337, 2007.

12 CUMINO, A. *Exu não é Diabo*. São Paulo: Madras, 2022.

13 COELHO, M. E. M. *Fogo e gargalhada*: uma análise da performance do exu alegórico na Acadêmicos da Grande Rio. 2022. 30 f. TCC (Graduação) – Curso de Letras, Universidade Federal do Rio de Janeiro, Rio de Janeiro, 2022. Disponível em: https://pantheon.ufrj.br/bitstream/11422/20056/3/MEMCoelho.pdf. Acesso em: 26 set. 2023.

14 EXU. Telua. Disponível em: http://telua.com.br/exu. Acesso em: 26 set. 2023.

15 PRANDI, R. *Mitologia dos Orixás*. São Paulo: Companhia das Letras, 2001.

16 Estrofe do corpo literário de Ifá que conta a história de como Olódùmarè atribuiu funções a Irúnmọlẹ̀.

17 FRISVOLD, N. M. *Ifá, uma floresta de mistérios*. São Paulo: Arole Cultural, 2022. p. 110.

18 ADEWUYI, O. Obatala: the greatest and oldest divinity. Colorado, EUA: River Water Books, 2013. (Tradução livre)

19 BENISTE, J. *Mitos yorubás*: o outro lado do conhecimento. Rio de Janeiro: Bertrand Brasil, 2020.

20 Ibidem.

21 OXOSSI. Orisatola. Disponível em: http://orisatola.com.br/site/orixa-oxossi/. Acesso em: 2 out. 2023.

22 BATOCHIO, M. A história da caça às baleias. Amigos da Jubarte. Disponível em: https://www.queroverbaleia.com/single-post/a-historia-da-caca-as-baleias. Acesso em: 2 out. 2023.

23 BABATUNDE, O.; ADEWUYI, O. *Obàtálá a maior e mais antiga divindade*. EUA: Createspace Independent Pub, 2015.

24 PRANDI, R. *Segredos guardados*. São Paulo: Companhia das Letras, 2005.

25 FRISVOLD, N. M. *Ifá, uma floresta de mistérios*. São Paulo: Arole Cultural, 2022.

26 MOURA, R.; SILVA, E. Ìyámi Agba Wa O: o Culto a divindades femininas em organizações religiosas de matriz africana e a valorização das mulheres. In: SEMINÁRIOS EM ADMINISTRAÇÃO DA UNIVERSIDADE DE SÃO PAULO, 23., 2020, São Paulo. Anais [...]. São Paulo: Semead, 2020. Disponível em: https://login.semead.com.br/23semead/anais/arquivos/1968.pdf? Acesso em: 25 set. 2023.

27 PRANDI, R. *Mitologia dos Orixás*. São Paulo: Companhia das Letras, 2001.

28 BÀBÁ KING. *Ori: Orixá pessoal e guardião do destino*. Suzano: Comunidade da Compreensão e Restauração Ilê Asé Sàngó.

29 CONHEÇA Mary Beatrice, a mulher que inventou o absorvente. In Foco, 16 set. 2021. Disponível em: https://jornalinfoco.com.br/conheca-mary-beatrice-a-mulher-que-inventou-o-absorvente/. Acesso em: 5 out. 2023.

30 BÀBÁ KING. *Oxum: orixá do amor e do progresso*. São Paulo: Oduduwa Cursos, 2019.

31 *Ibidem*.

32 BÀBÁ King: Introdução a OXUM e LOGUNEDÉ – Parte 1. 2021. Vídeo (17min25s). Publicado pelo canal Oduduwa Templo dos Orixás. Disponível em: https://www.youtube.com/watch?v=3u9lgiPdLKM. Acesso em: 6 out. 2023.

33 PRANDI, R. *Mitologia dos Orixás*. São Paulo: Companhia das Letras, 2001.

34 FRISVOLD, N. M. *Ifá, uma floresta de mistérios*. São Paulo: Arole Cultural, 2016. p. 67.

35 *Idem*, 71.

36 PRANDI, R. *Mitologia dos Orixás*. São Paulo: Companhia das Letras, 2001. p. 154.

37 Cf. http://www.instagram.com/oorixaquehabitaemmim.

38 PRANDI, R. *Mitologia dos Orixás*. São Paulo: Companhia das Letras, 2001.

39 FRISVOLD, N. M. *Ifá, uma floresta de mistérios*. São Paulo: Arole Cultural, 2016. p. 84.

40 QUAL foi o tsunami mais devastador da história? *National Geographic*, 20 out. 2022. Disponível em: https://www.nationalgeographicbrasil.com/meio-ambiente/2022/10/qual-foi-o-tsunami-mais-devastador-da-historia. Acesso em: 10 out. 2023.

41 POLUIÇÃO dos oceanos: a ilha mergulhada em plástico. *BBC News*, 29 mar. 2019. Disponível em: https://www.bbc.com/portuguese/internacional-47755255. Acesso em: 20 out. 2023.

42 PRANDI, R. *Mitologia dos Orixás*. São Paulo: Companhia das Letras, 2001. p. 306.

43 VERGER, P. *Orixás: deuses iorubás na África e no Novo Mundo*. São Paulo: Corrupio, 2005.

44 EGUNS. *Portal dos mitos*, 2 jul. 2015. Disponível em: https://portal-dos-mitos.blogspot.com/2015/07/eguns.html. Acesso em: 11 out. 2023.

45 SANTOS, J. E. *Nàgô e a morte: Pàde, Àsèsè e o culto Égun na Bahia*. Petrópolis: Vozes, 1986.

46 FRISVOLD, N. M. *Ifá, uma floresta de mistérios*. São Paulo: Arole Cultural, 2022. p. 60.

47 *Idem*, p. 110.

48 Nome dado ao fenômeno racial e cultural africano que aconteceu em solo brasileiro.

49 MATIAS, A. Ventos. *Brasil Escola*. Disponível em: https://brasilescola.uol.com.br/geografia/vento.htm. Acesso em: 11 out. 2023.

50 KING, S. S. Cânticos dos Orixás na África. Síkírù Sàlámì (King). São Paulo: Oduduwa, 1991.

51 PASSOS, M. M. V. *Oyá-Bethânia: os mitos de um orixá nos ritos de uma estrela*. 2008. 155 f. Dissertação (Mestrado) - Curso de Estudos Étnicos e Africanos, Universidade Federal da Bahia, Salvador, 2008. Disponível em: https://repositorio.ufba.br/bitstream/ri/8709/1/marlon_marcos.pdf. Acesso em: 11 out. 2023. p. 26.

52 SOUZA, R. M. O. *Noções de saúde e doença na tradição de orixá e o papel do sacrifício*. 2013. 200 f. Dissertação (Mestrado) - Curso de Antropologia Social, Universidade Federal de Goiás, Goiânia, 2013. Disponível em: https://files.cercomp.ufg.br/weby/up/188/o/2011_-_Robson_Max.pdf. Acesso em: 13 out. 2023.

53 FRISVOLD, N. M. *Ifá, uma floresta de mistérios*. São Paulo: Arole Cultural, 2022.

54 KING, S. S.; RIBEIRO, R. I. *Exu e a ordem do universo*. São Paulo: Oduduwa, 2011. p. 63.

55 Cf. http://www.instagram.com/ranapretaoficial e http://www.grana preta.site.

56 KING, S. S. *Cânticos dos Orixás na África*. Síkírù Sàlámì (King). São Paulo: Oduduwa, 1991. p. 118.

57 *Idem*, p. 64.

**Acreditamos
nos livros**

Este livro foi composto em Vollkorn e
impresso pela Lis Gráfica para a Editora
Planeta do Brasil em outubro de 2025.